U0544798

怪物起源

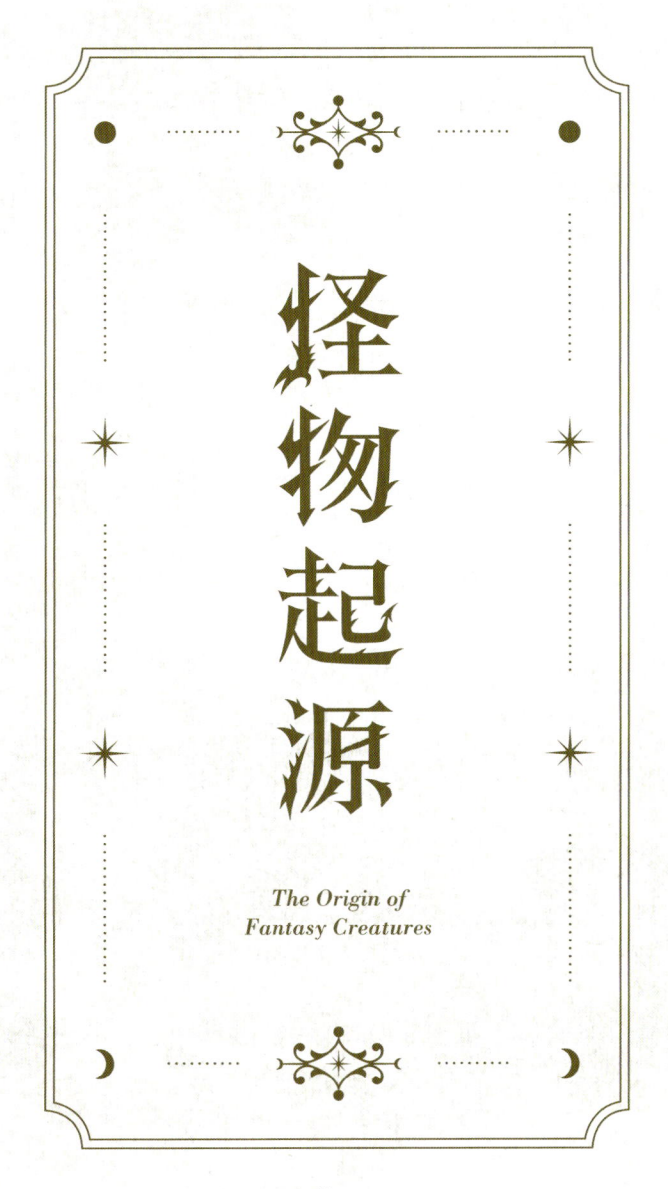

The Origin of Fantasy Creatures

gaatii光体 編著

瑞昇文化

前　言

怪物是人類對世界的一種觀點。不同的時代與不同的地區、民族、語言所流變出的怪物想像，可能都具備某些承襲前代或通聯鄰域的一面，同時又自有複雜的人文風土所塑就的個性與之共存。即便是在古典與神祕流亡的今天，我們仍然沒有失去怪物，它們就暗伏在隱密世界的一角，等待我們將它們從那些眾口交傳的模糊紀錄中再次辨認出來⋯⋯這本書是對常見於如今西方奇幻類型作品中的怪物或神奇生物所進行的一次入門級別的梳理和直觀形式的呈現。它並非徵引翔實的理論讀物，並不妄圖為每一種怪物做出明確的定義和溯源，而是以大量圖集結合輕快明晰的敘述方式，來向您，我們的讀者朋友，介紹這些古靈精怪的小傢伙或大傢伙曾在人類的故事中留下了怎樣的蹤跡。特別地，我們還為每種怪物委託了匹配的數位建模作品，展示這些傳說中的生物在現代技術表現之下進化出了怎樣更時興的特徵。青少年讀者可能從這本書開啟他們對系統瞭解歐洲各地神話與民俗傳說的興趣之門，而對於部分願意接觸怪物主題、又苦於市面上同類插圖書品文字體量繁龐而視覺效果乏弱的讀者而言，這本書定能為您帶來令人愉悅的審美與舒適的閱讀體驗。

利維坦的破壞（*Destruction of Leviathan*），Gustave Doré，1865

目 錄

[第一章]

人／半人／類人

巨人、矮人、仙子、食人魔、吸血鬼、人狼、半人馬、人魚

P1

[第二章]

獸／鳥／合成種

斯芬克斯、獅鷲、獨角獸、天馬、地獄犬、貓妖精、不死鳥、鷹身女妖

P79

[第三章]

爬蟲／軟體／無法定性之物

龍、蛇尾雞、克拉肯

P151

[第一章]

人／半人／類人

人 通過對人的模仿創造神與怪物——武斷的說法容易形成通識。恐怖谷[1]的存在向我們證明人類總會在仿照自身進行造物的道路上把自己嚇一大跳……如果恐懼激發有關奇怪想像的靈感,那麼或許就可以解釋,從古早的異形種族傳說到今天的仿生人工智能,為何人形或類人「生物」總是在人類的假想敵中占有一席之地。畢竟,無論誰都不得不承認的——最可怕的怪物永遠是人。

---

[1] 恐怖谷理論,一個關於人類對機器人感覺的假設,1970年由日本機器人學者森昌弘提出。觀點認為人對機器人的情感反應,與該機器人的仿真程度有密切關聯。

巨人（*The Colossus*），Francisco de Goya 與 Asensio Julià，1808—1812

Giant / Giantess
巨人

幾乎現知所有文明的神話或民俗傳說中都或多或少出現過巨人的身影。他們在人形的基礎上四肢膨脹，具備碩大的軀幹與溝壑縱橫的面容，這種樸素的異化是先民們對於強大力量想像的雛形。最初的巨人以神或神子的形象出現，有時也站在神的對立面，擁有同神力相當的自然之力。希臘神話中的舊神泰坦通常就被認為是由六男六女十二位巨人組成，他們的兄弟獨眼巨人和百臂巨人也以驚悚的樣貌聞名；後兩者在天空之神烏拉諾斯的統治時期被深埋在母親大地女神蓋亞的體內，被古希臘人認為是火山和地震的來源。巨人的力量堪比災難或戰爭，能與巨人一戰之人必然也是兼具智識與勇氣的英雄豪傑，海克力斯、亞歷山大大帝、亞瑟王……他們的冒險或征途上都曾正面與巨人為敵；笨拙的假騎士唐吉訶德也曾企圖與被他錯當成巨人的巨大風車一決勝負。到了人文關懷深厚的近現代，巨人沉默笨拙的特質也引起一部分文藝的共鳴，我們不禁開始思考：在他們那不善言辭的龐大身體深處，是否也潛藏著令人心碎的柔情？

在烏拉諾斯關押了親生的孩子獨眼與百臂巨人之後，地母蓋亞對這位丈夫產生了仇恨之情。這間接導致了泰坦神的覆滅。以宙斯為首的奧林帕斯眾神最終推翻了泰坦神的統治，這些被打敗的巨人神被故技重施地囚禁於深淵地獄塔爾塔羅斯中。與之相似的，北歐神話中的巨人也是世界最初的生物，最早的霜巨人（jötunn）尤彌爾從混沌之中誕生，其他的巨人則從他的腋下和雙腳上長出來。眾神之王奧丁的母親貝斯特拉實際上是尤彌爾的巨人後代，然而尤彌爾終究被奧丁和他的兄弟殺死。巨人的自然力量成為神所代表的文明的養分，這也是人類的輝煌時代，但是來自巨人的威脅絕不會徹底消失——這就是自然與文明永恆的矛盾所在。

尤彌爾被撲殺，書籍插圖，Lorenz Frølich

巨人法索德抓走青春與美的女神芙蕾亞，《尼貝龍根的指環》配圖，Arthur Rackham

以北歐神話為素材背景的華格納歌劇作品《尼貝龍根的指環》中，巨人法索德扮演了開啟故事線的關鍵角色。他和弟弟法弗納為眾神建設了瓦爾哈拉城（北歐的英靈殿），並索取了主司青春與美的女神芙蕾亞為報酬。當她被抓走時，眾神的臉上立刻出現了衰老的痕跡；為了將她從巨人的手中換回，神的一方加入了奪取寶物——侏儒阿爾貝里希的指環的戰局。

獨眼巨人波呂斐摩斯（*The Cyclops Polyphemus*），Annibale Carracci，1595—1605

《變形記》中記述了波呂斐摩斯（他是奧林帕斯神接管大權後被解放的獨眼巨人之一）愛上海仙女伽拉忒亞的往事，在向仙女愛求遭拒後，他舉起石頭砸死了仙女的情人。

GIANT SKRYMIR AND THOR.

巨人斯克里米爾與雷神索爾，《阿斯加的英雄：斯堪地那維亞神話故事》插圖，Louis Huard

至少在北歐的巨人眼中，雷神索爾一定是個臭名昭著的巨人殺手。在索爾的一次歷險中，巨人斯克里米爾用脫下的手套迷惑了索爾，讓他以為那是一個可以休息的「洞穴」，隨後趁機偷走了索爾一行人的食物。能令這位「殺手」吃癟的斯克里米爾當然也不是等閒之輩 —— 他是巨人的統治者烏特迦．洛奇幻化的假身分。之後的旅程上，索爾將以神力給予他強烈的震懾。

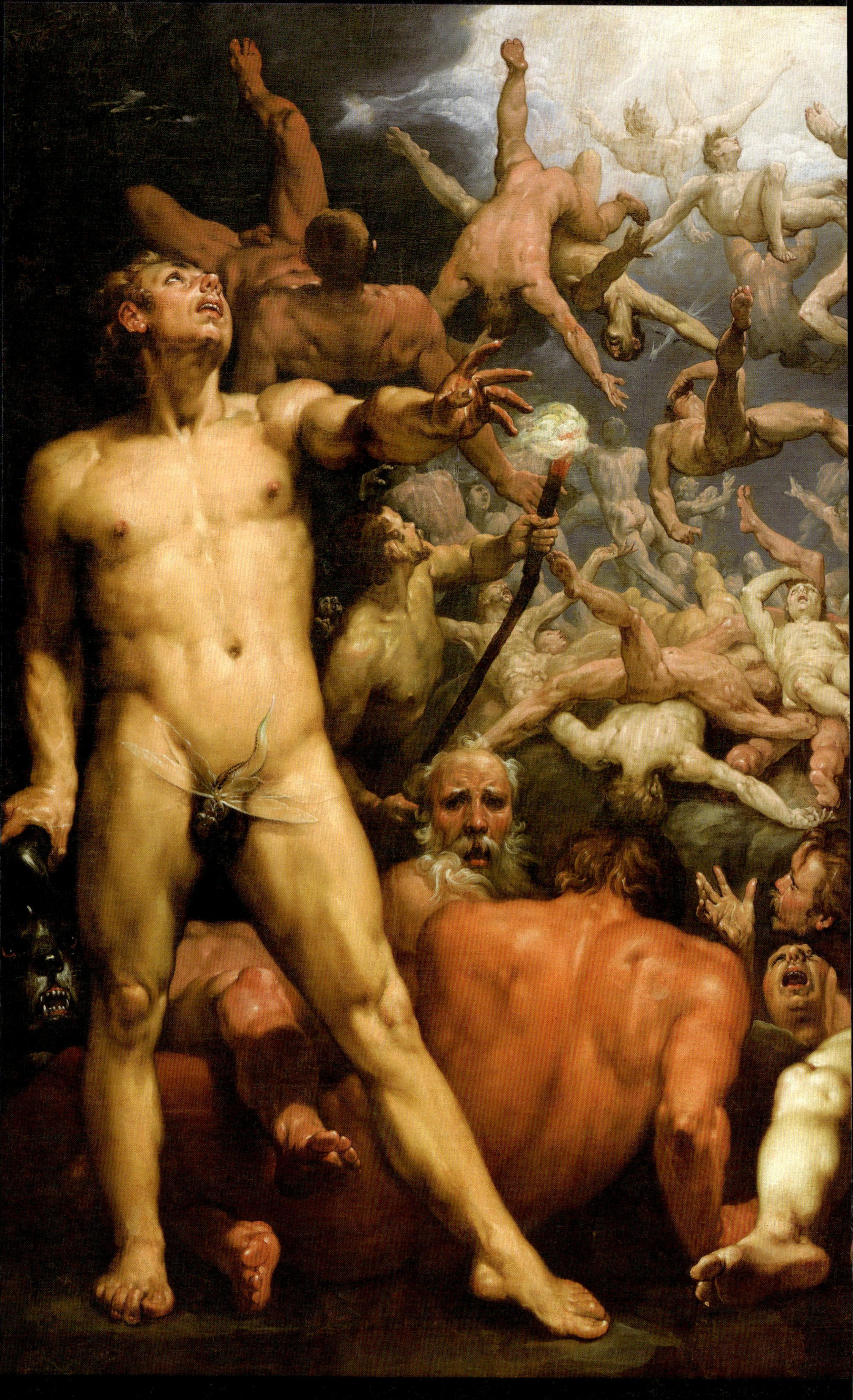

泰坦的隕落（*The Fall of the Titans*），
Cornelis van Haarlem，1588—1590

英國永遠的傳奇領袖亞瑟王當然並不以與巨人的戰鬥為他的至高榮耀，但他的確出於相當的熱心而間接地和巨人鬥智鬥勇過。威爾士人給他為表兄弟——奇立德國王的兒子庫爾威奇操辦婚姻大事的事蹟撰頌了優美的散文：這位倒楣的年輕王子由於不想迎娶繼母的女兒，而被繼母詛咒只能娶巨人首領伊斯巴達登之女——奧爾溫。庫爾威奇求助於亞瑟，希望找到他的未婚妻，亞瑟也饒有興致地派出了一整隊圓桌騎士（其中有我們最熟識的高文、凱、貝德維爾等人）來為他助力。頗有人脈的團隊很快找到了巨人的住處，奧爾溫也同意嫁給吸引她的庫爾威奇，但是她的父親打算為難一下這些不速之客。伊斯巴達登提出了四十項幾乎不可能完成的任務，包括獲得不列顛島的十三件珍寶之一——能夠將一個人的食物翻作百倍的魔法籃子；而等到這張任務列表被一一清空，巨人似乎又改變了主意……這樣一支部隊顯然不會再有那麼多的耐心：伊斯巴達登被殺死了，庫爾威奇終於迎娶了奧爾溫。

伊斯巴達登刁難庫爾威奇，《凱爾特神話與傳說史詩與羅曼史》插圖

亞瑟王遭遇巨人，雕刻畫，Walter Crane

亞瑟王發現一個巨人正在烤豬，《布魯特傳奇》插圖，14世紀中期

巨人同樣是童話故事熱衷的反派角色，英國童話《傑克與豌豆》中的小主人公傑克爬上巨大的豌豆藤，在雲端遇到了一對邪惡的巨人夫婦，不過從他們愛好抓小孩來吃這一點看來，也許說他們的本質是食人魔還更妥當一些。到了文豪王爾德的筆下，看似冷血的巨人則有了自己的感性，當意識到正是純真的兒童妝點了他的春天時，原本自私的巨人最終向孩子們開放了他的花園。

食人女巨人聞到了被廚娘藏起來的傑克的氣味，《英國童話》插圖，Arthur Rackham，1918

不再自私的巨人把孩子送到開花的樹上，《快樂王子與其他童話》插圖，Walter Crane，1888

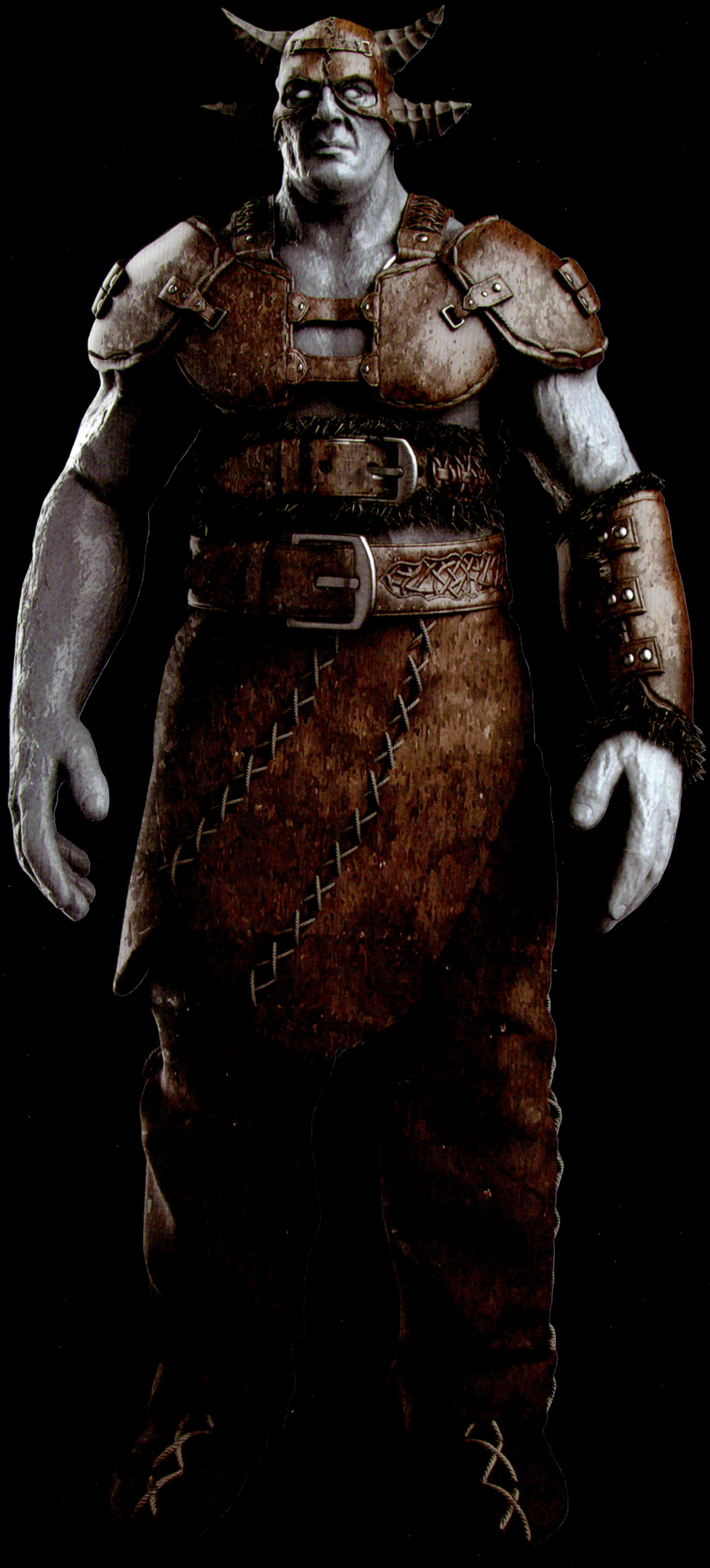

The Frost Giant
霜巨人

作者：Aziz Dereli

維京式的頭盔，
以某種動物的角裝飾

硬皮肩甲

住在雪山中的最後一位霜
巨人，長年的冰雪將他的
皮膚凍成藍色

前臂甲，有綁帶，
用於持盾牌

軟皮製

霜巨人戰斧

武器戰斧平常收在背後

他曾是巨人大軍的一員，如今已經成了這個族類的最後一人。在餘下的時光裡，他將用生命捍衛作為霜巨人的榮耀。

- 11 -

工作中的矮人，《北方大陸的精彩故事》插圖，W. J. Wiegand 與 George Pearson

Dwarf
矮人

歸功於格林童話與了不起的托爾金[1]的中土世界，現代人對於矮人的印象改善可不止一星半點。如今的他們普遍被認為擁有智慧和正義的本性，或者至少存在溫和友善的群體。更早時期的矮人顯得陰沉又詭譎，縮在山體內部或地殼之下的洞穴中，擅長對付金屬和礦石，三三兩兩地湊近熊熊的火爐前燒製奇異的物件；他們似乎常與貪婪和頑固相伴，十分守財，也有愛美之心，總是覬覦著人類或神明的女兒。古怪的是，相較還算常見的女性巨人，幾乎沒有女矮人出現於廣泛的人類記載中，無論是傳說還是童話故事。不知道從何時起，矮人的形象漸漸朝大鼻子、長鬍鬚的長者姿態固化，縱然他們其中也有相貌英俊的青年男子，但那些飽經風霜的憂鬱面孔，總令人忍不住把他們想得多老幾歲……

---

[1] 托爾金：J.R.R.Tolkien（1892－1973），英國作家、詩人，創作出經典奇幻作品《哈比人歷險記》、《魔戒》而聞名於世

北歐的矮人以好手藝和神建立了密切的聯繫：他們經常是技藝精湛的工匠，為神打造武器或首飾；他們的強壯可能是出於對身高的補償。索爾手中有名的雷神之錘（Mjollnir）和奧丁的神兵永恆之槍（Gungnir）都出自矮人的手筆。邪神洛基曾對索爾的妻子希芙開過一次嚴重的玩笑，趁她睡覺時剪掉了她美麗的金髮。他當然不得不彌補這件過失（哪怕是故意的過失），便去找到霜巨人伊瓦爾迪的矮人兒子們。天賦異稟的矮人將黃金抽成髮絲，打造出與希芙擁有的一模一樣的金色頭髮，當它被放到希芙的頭頂時，就立刻像原生的頭髮一樣長在了她的頭上。

索爾拷問阿爾維斯，而斯露德拼命阻止她的父親；《詩體埃達》插圖，W.G. Collingwood，1908

根據記載北歐神話的手抄本《詩體埃達》，矮人誕生於最初的巨人尤彌爾的骨血；《散文埃達》中則稱矮人是尤彌爾肉體上被神賦予理性之前的蛆蟲。這或許解釋了為何最早的北歐矮人們具有一些黑暗的性質。智慧的矮人阿爾維斯（Alvíss）曾在索爾不知情的情況下與索爾的女兒斯露德訂下婚約，引起了索爾的殺意。索爾假意考驗阿爾維斯的智力，不停地向他提問，試驗一直持續到清晨太陽升起，不能被陽光照射的矮人就站在原地變成了石像。

矮人阿爾維斯將求婚的戒指戴在斯露德的手上，《詩體埃達》插圖，Lorenz Frølich，1895

矮人們正在打造索爾的雷神之錘《在巨人時代：一本北歐故事》插圖，Elmer Boyd Smith

GIANT SUTTUNG AND THE DWARFS.
Page 86.

巨人蘇圖恩和矮人們,《阿斯加的英雄:斯堪地那維亞神話故事》插圖,Louis Huard

這些矮人們是謀殺巨人吉爾林和他的妻子的元兇,他們從吉爾林的血液中釀出了智慧的蜂蜜酒,這也是北歐詩人們夢寐以求的靈感源泉。吉爾林的兒子蘇圖恩尋求父母的下落,從而找到了這群矮人,意圖將他們放在海邊的巨石上淹死,矮人們則用蜂蜜酒換取了自己的生路。蜂蜜酒被蘇圖恩收藏起來,但狡猾的父神奧丁很快就找到了將它據為己有的辦法。

被擊敗的矮人,《波蘭童話故事》插圖,Cecile Walton,1920

在成就英雄的道路上,他肯定不是唯一一個倒楣的矮人⋯⋯

中世紀的德意志民間傳說為現今西方奇幻世界中的矮人印象塑形,儘管他們當時被描繪得相當刻板,無外乎殘忍又滑稽,且最終都是英雄們的墊腳石。長詩《勞林》中日耳曼的傳奇英雄迪德里希（Dietrich von Bern）破壞了矮人之王勞林心愛的玫瑰花園,勞林出於報復擄走了迪德里希部下的妹妹,結果遭到迪德里希率領騎士團擊敗,成了被人戲弄的小丑。

矮人們回家後，看到白雪公主昏倒在地；《格林童話》插圖，Arthur，1909

相比之下，童話《白雪公主》裡，七個小矮人的存在和行動已經明顯充滿了善意。隨後的迪士尼動畫電影塑造了他們每個人的鮮明個性，從童年著手，矮人終於讓他們的形象在人類心目中逐漸變得和藹可親。

阿爾貝里希奴役矮人們，《尼貝龍根的指環》配圖，Arthur Rackham

華格納的歌劇《尼貝龍根的指環》中刻畫了邪惡的矮人阿爾貝里希（Alberich），他宣誓背棄愛情，偷走了水仙子萊茵少女們守護的黃金，憑此製成擁有可以統治世界之力的指環，企圖讓所有的矮人都成為他的奴隸。阿爾貝里希的原型可以追溯到日耳曼史詩《尼貝龍根之歌》裡的矮人之王，他是尼貝龍根寶藏的看守者，力量相當於十二個人類——當然，他的結局也是被屠龍的勇士齊格菲（Siegfried）打倒，變成了對方的隨從。從他的身上，我們或許可以看到某位可恨又可悲的哈比人的影子……

阿爾貝里希與萊茵少女，Rogelio de Egusquiza，1907

一個正在製鞋的矮妖，《童話詩集》插圖，Warwick Goble，1920

在果園裡忙碌的小棕精靈們，Gift of Spence Bickerton，1934

{ 幾種同樣身材矮小的神祕生物容易與矮人產生混淆 }

矮妖 (Leprechaun)

這種生活在愛爾蘭的小個子妖精以整身綠色的裝束和濃密的紅色鬍鬚彰顯存在感，至今還是愛爾蘭獨特的文化視覺符號。在傳說和童話裡，矮妖通常是男性的職業鞋匠，但富有得出人意料，每個矮妖都在彩虹的彼端埋著一桶金子。據說抓住一個矮妖並答應釋放他的話，他就會替你實現三個願望，不過他們也以不知輕重的惡作劇聞名，很難想像這個抓捕過程前後會發生些什麼事……

棕精靈 (Brownie)

這個和布朗尼蛋糕同名的生物想必是英格蘭與蘇格蘭地區家庭的美好夢想，因為他們普遍被認為是在夜間幫人做家務的勤懇小妖精。不同的棕精靈脾氣各有古怪，有的討厭收到牛奶和蜂蜜以外的報酬，有的會因為被誇獎而生氣……總之，他們顯然不總是那麼高興。如果受到所在家庭的虐待，棕精靈可能會變異成擅長搞破壞的小怪物；當不需要他們的時候，只要給一件新衣服就能讓棕精靈消失。聽上去耳熟的話就對了：「哈利波特」系列裡的家庭小精靈也是這麼獲得自由的。

誤闖地精洞穴，《李伯大夢》（*Rip van Winkle*）插圖，Arthur Rackham

哥布林們誘騙少女使用頭髮和身體換取有上癮性的水果，《小妖魔市》配圖，Winifred Knights

哥布林（Goblin）

受到翻譯和傳說流變影響，哥布林的形象與性格眾說紛紜，一部分將他們和地精混為一談，有時候幾乎代指所有住在地底的矮小醜陋的人形生物。綜合來看，會被稱作哥布林的小型妖精通常對人類而言是不友好的，他們長著精明的尖耳朵和長鼻子，時時貪財作惡。荷蘭的民間傳說認為哥布林戴著能使他們隱形的紅帽子蹲在人類的床腳，這是噩夢的來源；維多利亞時期，克里斯提娜‧羅賽蒂的詩作《小妖魔市》（Goblin Market）則將哥布林作為世俗壓迫的象徵。哪怕到了現代遊戲中，他們也沒能獲得除了五顏六色皮膚外更多招人喜歡的詮釋。能將純粹的邪惡貫徹始終，或許也是哥布林的一種品格吧。

地精（Gnome）

文藝復興時期的歐洲煉金術士定義了地精在地殼之下的存在：正如人類可以在介質空氣中自由運動，地精也能在土地內部流暢無阻地穿行。據言他們製造金屬礦，能幫助植物生長。鑒此，德國的雕塑家把這種生物的形象帶到歐洲的庭院裡，並給它配置了奪目的紅色尖頂軟帽子，使得「花園地精」在大眾認知當中逐漸替代了原本地下世界的居民；20世紀末的法國甚至出現了一個宣稱要實現地精解放，將他人花園裡的地精雕像偷走、帶著四處旅行的團夥⋯⋯事至如今，也不好說這些小傢伙真正的歸宿到底是什麼了。

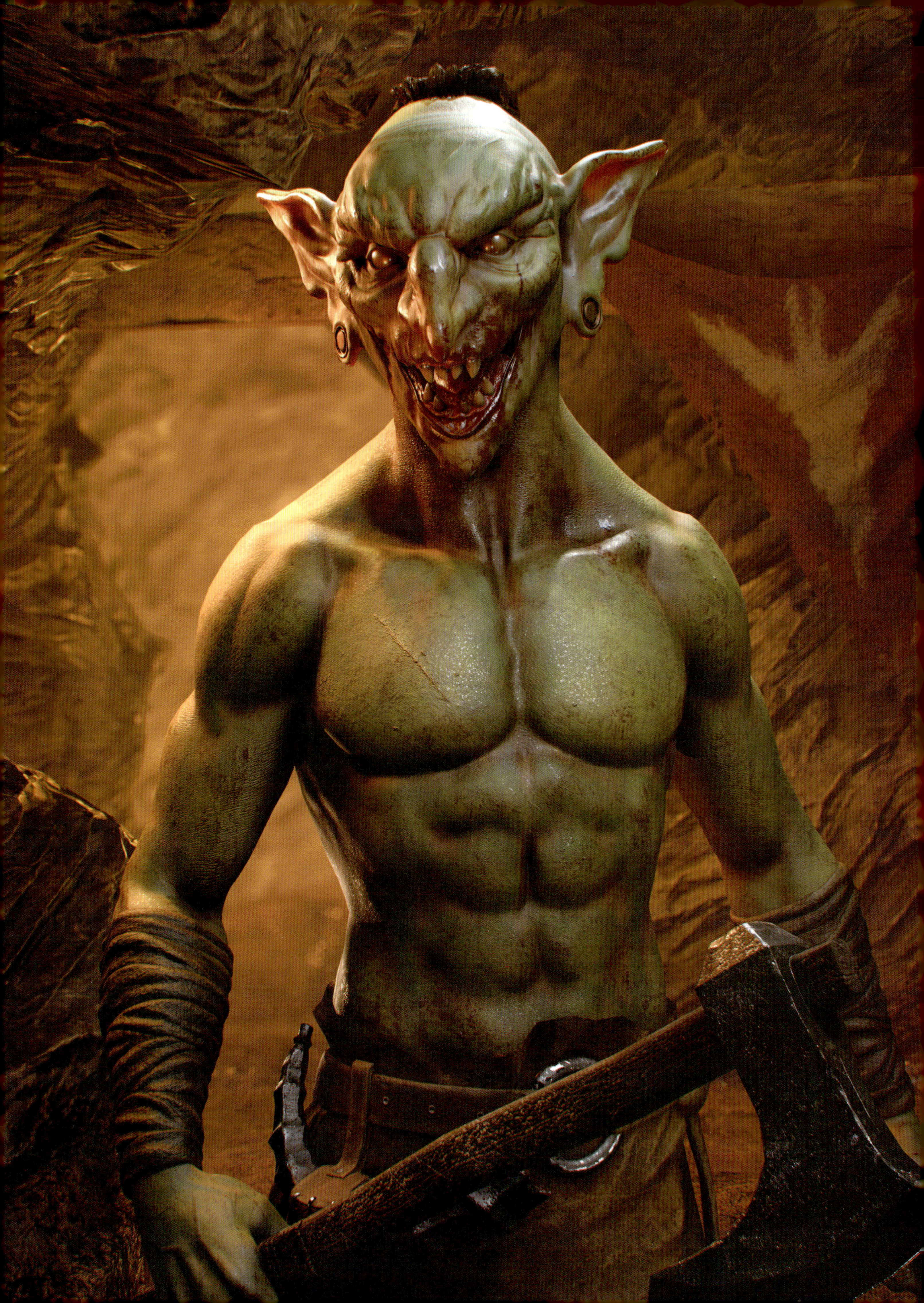

Evil Goblin
邪惡哥布林

作者：Davide Rinaudo

金子制的大耳環，彰顯了他的首領身分

嗜血的邪惡面容

發達的肌肉，有助於他敏捷的行動，也是能夠揮舞起兩把戰斧的基本要求

雙邊戰斧

戰爭號角

簡單精練的服飾

側視圖

這個哥布林首領剛剛經歷了一場血腥的伏擊戰，現在回到了他的巢穴之中。在戰鬥之前，他使用戰爭號角來召集他的盟友。

- 21 -

蝴蝶仙子（*Femme Papillon*），Luis Ricardo Falero，1888

fairy
仙子

仙子，或模糊地被翻譯為「小精靈」，在更長久的應用中幾乎泛指所有具備超能力的魔法生物，而不僅僅是單一種族。即便只遵照狹義，要把人們心目中的仙子制定成統一樣式也絕非易事：有人可能聯想到在泉水邊歌唱的長髮少女，有人則會在腦海內浮現出長著鳥類或蝴蝶翅膀、雌雄莫辨的美人。不過，仙子通常不會給人帶來太過醜惡的，或者強烈男性化的印象。隨著以他們命名的故事類別——童話（fairytale）的定型，仙子的形象也開始貼近兒童，或者呈現出令兒童感到親近的可愛形態，靈巧帶翅的小體型生物，例如《彼得潘》裡那位嬌氣的小叮噹（Tinker Bell）。在此之前的仙子大多美麗而危險，鑒於心情好壞來決定是否對人類作惡，迷途的旅人可能因為他們一時興起的蠱惑而墮入深淵；而得到他們欣賞的幸運兒則能收穫祝福或財富。人們會透過一些護身符來儘量避免被仙子找上門來：新鮮的花、三葉或四葉草、鐵器、麵包與鹽……比起恐嚇，這似乎更像是想祈求他們的垂憐。

一些仙子以成年女性的樣貌流傳於凱爾特的傳說中。她們大多長壽、隱居於自然界、擁有類似治療或預知的法力，並且可能和人類發生戀愛關係。被愛爾蘭的仙女（Leanan sídhe or Leanhaun Shee）選擇成為伴侶的人類將終生得到靈感的增益，代價是比常人更短暫的壽齡——這也被視作藝術家的宿命。居住在傳奇島嶼阿瓦隆湖中的數名仙子（Lady of the Lake）在亞瑟王的系列傳奇裡扮演著關鍵角色。她們賜予亞瑟王者之劍（Excalibur），並撫育了著名的圓桌騎士之一蘭斯洛特。名為薇薇安（一稱「妮妙」）的湖中仙子被魔法師梅林所愛，但拒絕成為他的情人，在梅林向她傾授畢生所學之後，薇薇安利用魔法將他永遠地囚禁於森林深處。

梅林與薇薇安，Edward Burne-Jones，1861

湖中仙子在阿瓦隆的湖中現身，將王者之劍交給亞瑟；《亞瑟王的騎士們：為男孩和女孩重述的故事》插圖，Walter Crane，1911

莎士比亞在戲劇《仲夏夜之夢》中編排了仙后提泰妮婭被魔法操控，癡戀一頭驢子的喜劇故事。這件事有其嚴謹的前因後果：提泰妮婭過於珍愛地撫養著她一位已故信徒的小孩，這引起了她的丈夫仙王奧伯隆的妒忌，他報復性地命令僕人將具有愛情魔力的花汁滴在熟睡的提泰妮婭的眼皮上，使她瘋狂地愛上了睜開眼睛看見的第一個生命——被變成了驢頭人的織工波頓。

換生兒（*The Changeling*），Henry Fuseli，1780

據《仲夏夜之夢》的文本，提泰妮婭所撫養的兒童應當是一名換生兒。過去歐洲民間認為仙子會在夜間偷走凡人美麗的嬰兒，而換上醜陋的病嬰。這想來是當時對於尚無法探究原因的先天畸形所做出的一種解釋。

提泰妮婭和波頓，《仲夏夜之夢》場景，Edwin Landseer，1848—1851

奧伯隆與提泰妮婭的爭執（The Quarrel of Oberon and Titania），Joseph Noel Paton，1849

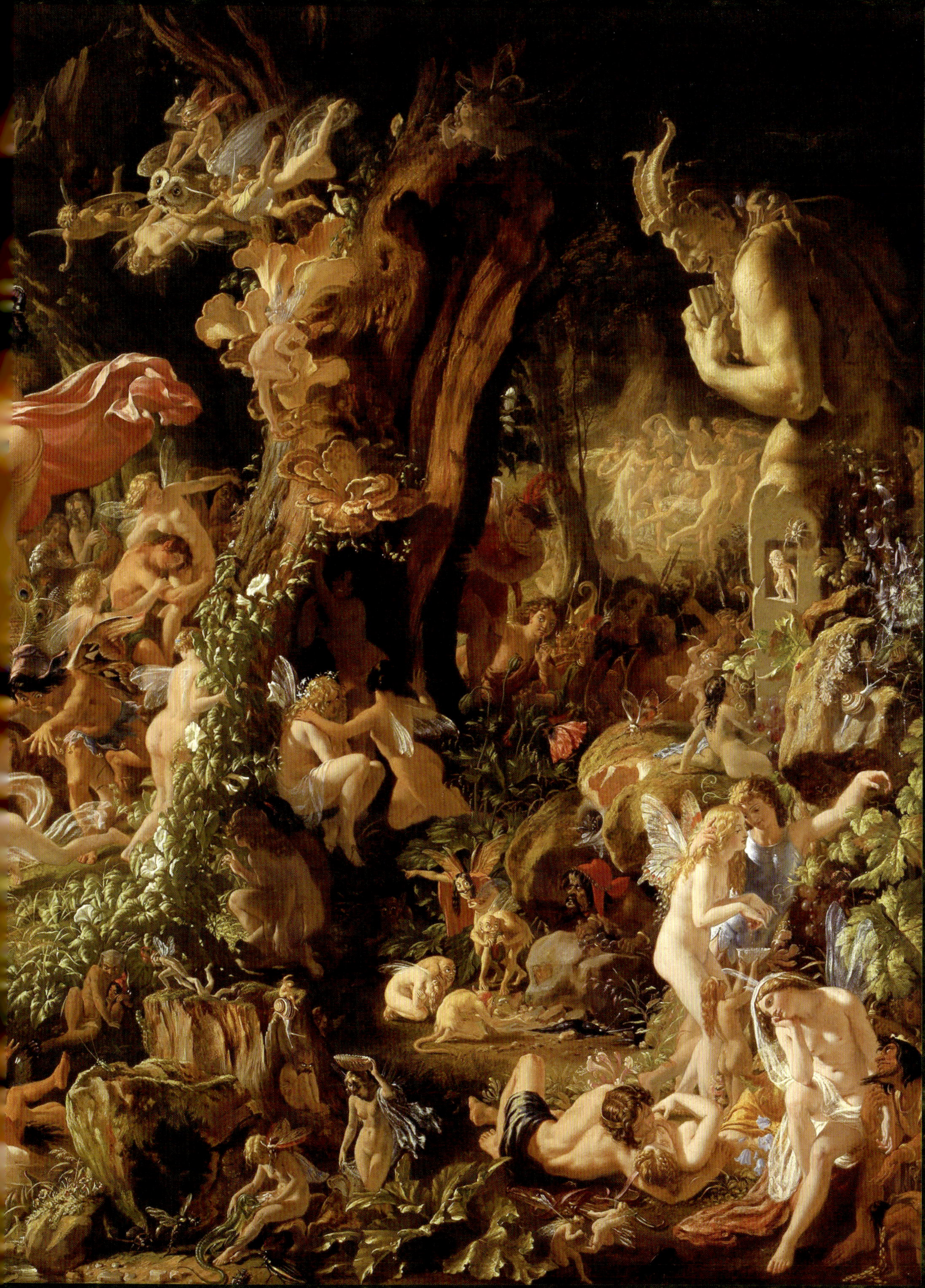

受到中世紀浪漫文學和宗教環境的影響,仙子和兒童的神祕連結也延伸至童話故事裡,形成了特殊的身分 —— 仙女教母。要麼她們從兒童誕生之日起就為之施予祝福(《睡美人》)、要麼在危急關頭出現替主人公解決難題(《灰姑娘》)。常見的情況是她們代替主人公(尤其是女主人公)已故的生母,成為這個未成年女孩的祕密監護人。但需要注意,並非所有的仙女教母都一定懲惡揚善,她們只是履行義務,提供可能的幫助,哪怕她們接管的小孩並不正派;也有一些仙子因為教女(子)並不聽從自己的建議而拒絕繼續為他們服務 —— 某種意義上而言,這完全是一位現實的母親。

仙女們圍繞著搖籃中的孩子,《童話詩集》插圖,Warwick Goble,1920

灰姑娘與她的仙女教母,《書籍大陸之旅》插圖,Sylvester, Charles Herbert,1922

海拉斯與寧芙，這位年輕人據說永遠地和她們生活在湖水深處：John William Waterhouse，1896

精靈（Elf）

早期的挪威神話中把精靈分為光明與黑暗兩類，前者是美麗的守護者，精通音樂和其他藝術；後者則為人類帶來麻煩和噩夢，住在無法見光的地下，和北歐的矮人們淵源頗深。如今精靈與仙子之間的界線是相當模糊的，但我們依然可以從既有印象上去做一些甄別：尤其應該堅持認為精靈應該有長而尖的耳朵。近現代西方奇幻風格作品對精靈有著深刻的類型意義，譬如《魔戒》系列電影成功的視覺表現，令我們可以想像男性的精靈形貌（畢竟男性的仙子非常少見），他們兼具強健與優美；類似《龍與地下城》和《薩爾達傳說》的角色扮演遊戲則凸顯了精靈們精於高級魔法與弓箭武器的特徵。比起永遠乖覺、永遠青春活潑的仙子，我們更期望精靈能夠既傲慢又慈悲，可以邪惡——但最好邪惡的同時也得是相當優雅的。

寧芙（Nymph）

希臘神話中類似女仙或女性精靈的寧芙在古典的多神體系中同樣數目繁多，其地位僅次於神，是山、湖、海、樹林的化身，隱喻一種在神的文明面前次要的自然。她們多以神之隨從的形式出現，或者在自然地帶散居，美麗且擁有野性的一面，喜愛英俊的青年男子——最著名的事蹟莫過於一夥棲居於密西亞淡水湖泊中的寧芙直接誘拐了金羊毛遠征隊的成員海拉斯，鑒於他在埋頭喝水時從湖面上映照出了驚人俊美的面容。許多希臘英雄都被認為擁有一位寧芙母親，並且繼承了她近乎神的才能，這就可以解釋為何他們身為凡人卻能達成非凡的功績。

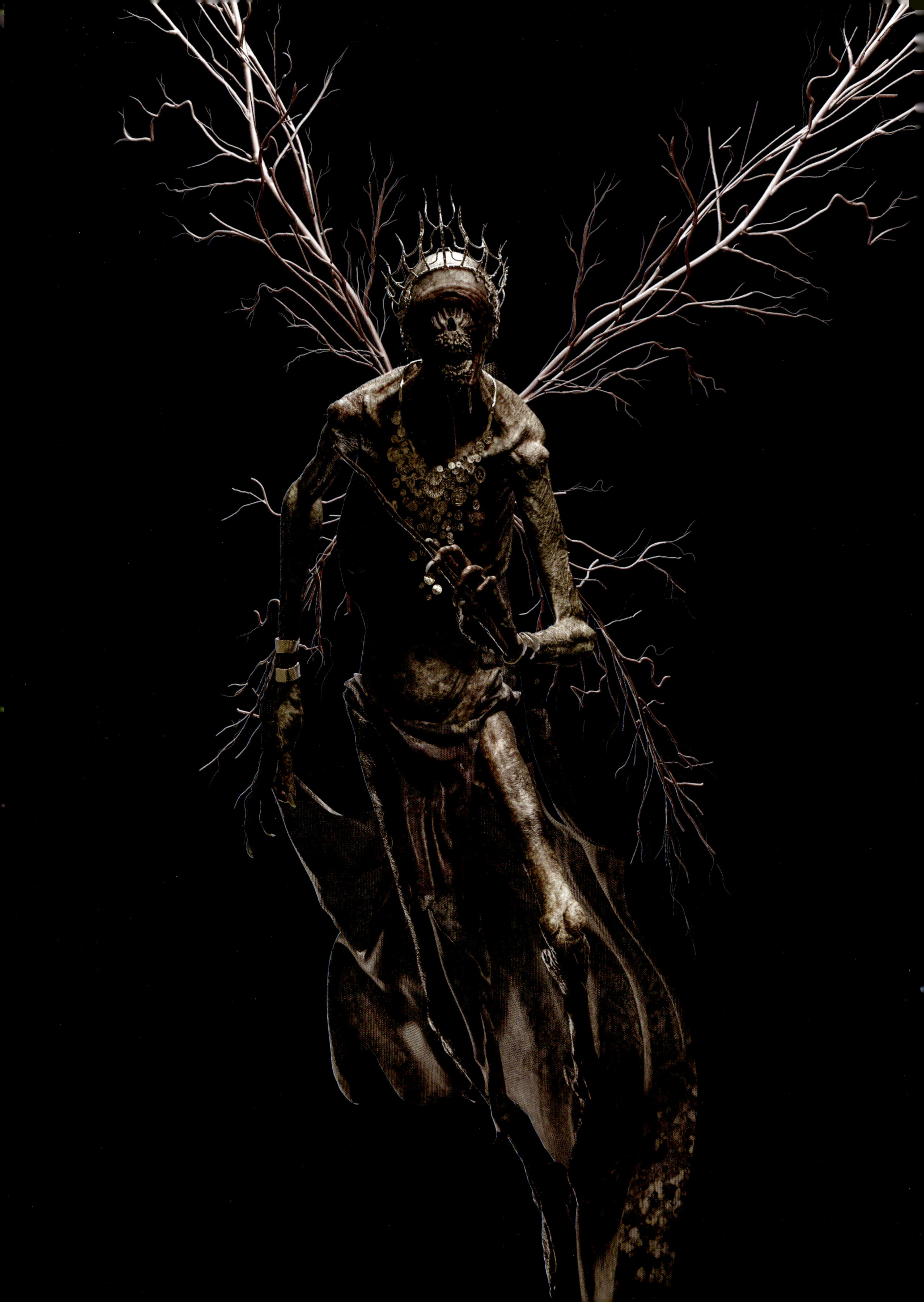

Tooth Fairy
牙仙
作者：Andres Rios

形似神經的樹杈式翅膀

瘦長靈巧的身材

魔杖，仙子身分的證據

掛滿硬幣的項鍊

一層可以伸縮的皮膚，使他總是露出滿口恐怖的牙齒

雖然長相有點醜惡，但牙仙其實是一個平和的生物。他是負責收集兒童脫落換牙的仙子，作為交換，他會按照收走的牙齒數量兌成錢幣，放在睡夢中孩子們的枕頭底下。

克洛諾斯吞噬其子（*Saturn Devouring His Son*），Peter Paul Rubens，1636—1638

Ogre/Ogress
食人魔

可以想像人類如何出於恐懼而從那些同類相食的傳聞中造就了食人魔——無論是戰爭或饑荒時代迫於生存而發生的人食人現象，還是一些其他尚未廣為人知的文明世界裡自然流行，但無法被我們的社會觀認可的食人文化。食人魔在外表上基本具有人類的形貌，而體型膨脹了數倍，這使他們有時被誤認為巨人；兇殘的面目則與他們嗜好人肉和暴食的習性相關聯。想要從食人魔身上找到哪怕一點兒人性化的可愛之處恐怕都是困難的，即使我們現在確實擁有夢工場動畫裡那個勇敢善良的怪物史瑞克——其標誌性的綠色皮膚和大胖身材都來自原型食人魔，他的個性也是在剔除了吃人這一特質以後才頓時顯得和藹起來的。一如人類對於食用各式動物幼崽的熱衷，人類的嬰幼兒之於食人魔來說也是上好的佳餚。童話故事和民間傳說都擅長刻畫這樣的食人魔，他們血腥殘虐，捉來走失的兒童並加以烹飪，或乾脆就這麼生吃掉。雖然這一敘事邏輯背後潛藏著食人與殺嬰動機和父權制，以及性特權的種種暗合，但它主要還是人類家長拿來嚇唬淘氣小孩的一種有效手段：省得他們不好好睡覺，淨想到處亂跑。

農神吞食他的子女，Francisco Goya，1819—1823

諾蘭迪諾和露西娜被食人魔發現，Giovanni Lanfranco，1624

一些早期的神話記載過有同類相食行為的神或人類，有理由相信他們與食人魔的出現密切相關。在這些故事裡，食人等同於一種磨滅人性的恐怖之舉，勢必給自身帶來顛覆性的災難。希臘神話中宙斯的父親克洛諾斯（即羅馬的農業神Saturn）正是一位食人者，因蓋亞的詛咒，他恐懼自己眾神之王的位置會被取代，於是將剛出世的子女一一生吞；這些孩子包括後來奧林帕斯神譜中的天后赫拉、海神波賽頓、冥王黑帝斯等。最年輕的宙斯沒有被父親吞掉，因為他的母親瑞亞哄騙了克洛諾斯，使他在企圖吞食宙斯時吞下了裝滿石頭的繈褓。宙斯成長後，設計讓克洛諾斯喝下催吐藥汁，於是他的兄姐都從克洛諾斯的胃裡被吐了出來，並且已經長大成人。

波呂斐摩斯也曾被記述成有食人癖性的獨眼巨人。據荷馬史詩《奧德賽》所述，英雄奧德修斯的船隊在返鄉途中到達這個怪物所在的島嶼，為了保護自己與船員們不被吃掉，奧德修斯刺瞎了巨人唯一的眼睛，並讓所有人都躲在巨人飼養的羊群身下掩藏氣味，由此才逃出生天。這一故事藍本幾經複述，到了文藝復興時期的詩人阿里奧斯托筆下，大馬士革國王諾蘭迪諾亦依此法拯救新婚妻子露西娜（《瘋狂的奧蘭多》），而原本的巨人已經演變為以吃人為基本屬性的獨立種族 —— 食人魔。

食人魔是法國民間童話《小拇指》裡的重磅反派，這兼指他的體重和邪惡程度。這個食人魔假意允許被父母遺棄的小拇指和他的哥哥們進入他的林中屋過夜（另一個版本中是他們向食人魔善良的妻子請求收留），準備趁第二天清晨把他們吃掉。小拇指敏銳地察覺了這個陰謀，在夜裡將食人魔的女兒們頭上的皇冠與自己和哥哥們戴著的帽子進行調換，食人魔摸黑準備進食，摸到女兒們戴著帽子，以為這些就是新來的小男孩，因此誤殺了親生骨肉。

貓會見了食人魔，《鵝媽媽童話》插圖，Gustave Doré

這是另一篇童話《穿長靴的貓》中出現食人魔的場景，主角貓正在以花言巧語迷惑食人魔，請他展示變形的能力。當食人魔依其所言將自己變成一隻小老鼠的時候，貓便把他一口吃掉了。

食人魔準備殺死自己的女兒，這些不得了的孩子們還在搖籃中就已經可以活活肢解整隻雞，《鵝媽媽童話》插圖，Gustave Doré

- 35 -

抓小孩的雅加婆婆，Viktor Mikhailovich Vasnetsov，1917

雅加婆婆 (Baba Yaga)

被拋棄的兒童在森林中迷路，而林間忽然出現了一幢看似可供棲身但又危險莫名的房屋 —— 這個公式同樣適用於格林童話《糖果屋》，只不過這一次房子裡吃人的怪物不是食人魔，而是一位要把兄妹倆養肥了再吃的老女巫。在斯拉夫傳說中，這種住在深山野林裡、會吃孩子的老婦人對應一個明確的形象，也就是雅加婆婆。她的住所是樹林中一間長著雞腳的陰森屋子，她通常也是面色不悅，長著白頭髮和尖鉤鼻，瘦骨嶙峋 —— 至少是在她沒有發揮法力易容的時候。她的標誌是一個會飛的桶或臼，而她坐在其中，捉拿那些接近她房子的兒童。儘管聽上去如此兇殘，雅加婆婆卻也因為非凡的智慧和準確的預言得到斯拉夫人的敬畏與仰賴。當一個人需要徵求她的意見而鼓起勇氣走進她的房間，此人的言談舉止將可能決定自己隨後的命運⋯⋯

一個巨魔正在檢視他的財寶,《巨魔與小地精男孩》兒童故事集插圖,John Bauer,1909

巨魔 (Troll)

以暴虐、貪婪和愚蠢的形象存活在今天的西方奇幻類別當中的巨魔來自斯堪地那維亞的民間傳說,當時他們更像是一些與地精類似的、生活在山洞或地底的小型生物,對人類的生活漠不關心。鑒於可考的挪威語術語,「Troll」一詞有可能指代了多種生物,其中一種應該接近我們通識的那一類頭腦遲鈍、饕餮成性的巨魔,人類當然也是他們食譜中來者不拒的構成。《哈比人歷險記》裡出現過的巨魔繼承了北歐神話式的暗黑屬性,即只能在夜間活動覓食,一旦被太陽光照射就會變成石頭。如果一定要和食人魔有個區分,巨魔或許更貼近於自然的產物,山林之靈塑造了受獸性驅使的巨魔,而食人魔的邪惡則純粹出自人性。

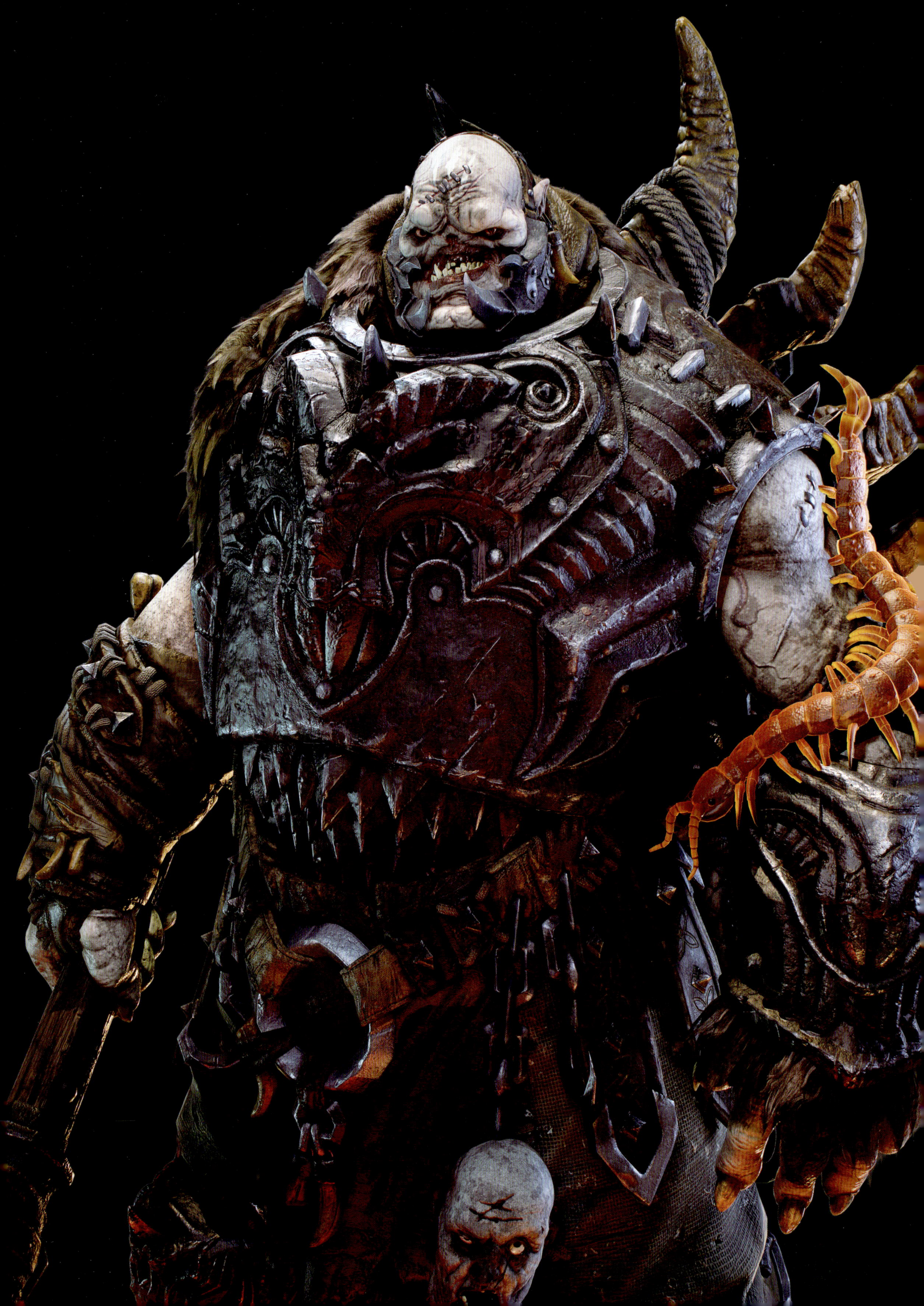

Jagre The Headhunter
獵頭者

作者：ArtVostok Studio / Alex Klimov, Artem Zaitsev

可疑的血液

最有經驗的開拓者也需要堅實的防護

鐮形武器，對收割頭部非常有利

忠實的夥伴

骯髒的非人指甲，其中的污垢可不僅僅是泥土

威懾力極強的戰利品頭顱，這個人類還保留著臨死前驚恐的神色

新一代的食人魔學會了如何迅速並毫無閃失地獵殺人類。皮帶上的捕獲器、背後的籠子——這就是抓住一個愚蠢人類所需要的一切。纏繞在他身上的那條忠誠的蜈蚣，會一直幫助他尋找目標。

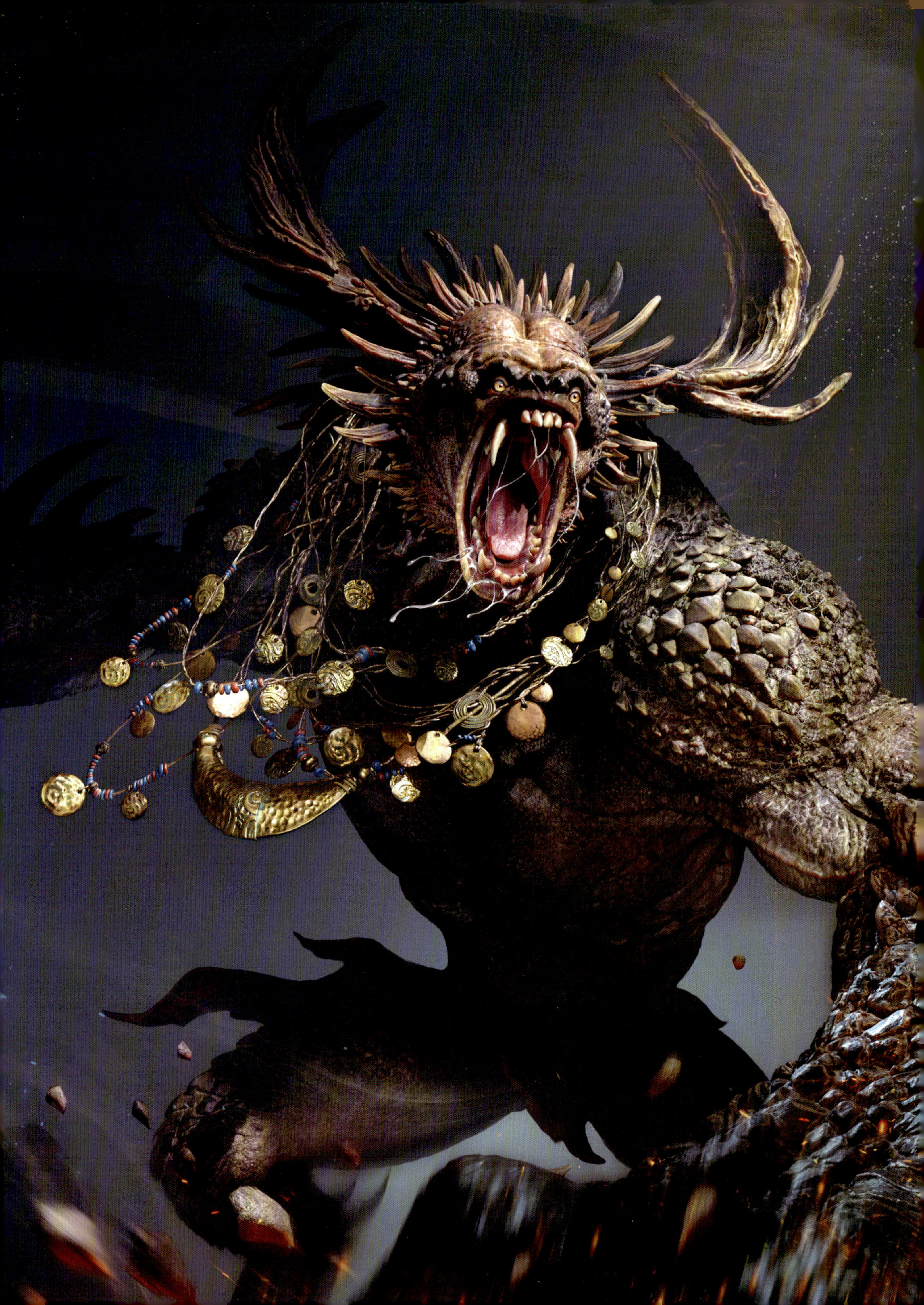

Troll
巨魔

作者：Teerapon Chasan

⚬ 頭部有大量骨刺

比起類人，更像是狒狒和
猩猩這類物種的混合體

猴子的尾巴

用四處搜刮到的金
子打製成的項鍊

有爬蟲生物的紋理

這是一個殘暴的混血怪物，居住在城市廢墟下方陰暗的深溝當中。
和所有同類一樣，它熱衷於收集閃閃發亮的寶物，為此可能不擇手段。

吸血鬼（Vampire）· Edvard Munch · 1894

Vampire
吸血鬼

過多的吸血鬼幻想小說與影視作品給人類造成了太深的誤解，實際上，這些不死的生物並非個個都長得像湯姆・克魯斯（《夜訪吸血鬼》）或者羅伯・派汀森（《暮光之城》）。他們早在中世紀就已經流傳於東南歐許多地區的口頭傳說中，以一種剛從墳墓爬出來、復活的屍體的形態出現。面孔浮腫紅潤，渾身捲著破爛的裹屍布。沒有確切的證據表明這個時期他們就具備後來那些為人津津樂道的特質，比如利於吸血的尖牙和害怕陽光的天性，但至少打從最開始吸血鬼就傾向於夜間活動，並且因為會吸食人類富有活力的血液而遭到忌憚。被吸血鬼咬傷的人類會很快死亡，並變成另一個吸血鬼——恰似一種具象的傳染病，這也是公認的吸血鬼傳說起源之一。時至今日，仍然有自認為是吸血鬼的傢伙生活在人類社群中，從生理或心理上堅持需要人的血液來維持生命能量，為此他們會找親朋好友或網絡上的志願者（雖然這觸及法律的灰色地帶）為自己捐獻血液……僅僅從精神病理方面認識這種現象顯然過於武斷了——畢竟誰敢保證沒有個真貨確鑿埋伏其中呢？

過早埋葬，Antoine Wiertz，1854

如果屍體不是復活而是根本還沒死亡呢？對將死之人生命徵象的誤判容易導致過早埋葬的情況發生。從棺材裡傳出的窸窣響動可能是生者最後的求救信號，在外部的世界看來卻成了吸血鬼複生的不祥之兆。

在醫學無法解釋死後變化和某些疾病（譬如肺結核）原因的時代，如果下棺後的屍體被發現沒有照常腐爛，或口鼻處出現了可疑的血液，那就等同於這名死者已經變異成了吸血鬼的證明。無論官方還是民間紀錄中，這些「被證明」的吸血鬼都遭到了嚴厲的處刑，通常是以木樁釘穿心臟（最有效的木頭品種則因地制宜），也存在斬首和往屍體口中塞入磚石或金屬的案例。根據考古挖掘出的疑似被當作吸血鬼埋葬的屍骨情形，砍下的頭顱多被置於屍體兩腿中央，這興許是為了阻礙吸血鬼順利爬出墳墓；而嘴裡的異物也被推測是用來妨礙咬合。

針對吸血鬼的秘密法庭，R. de Moraine，1864　　吸血鬼（The Vampire），Philip Burne-Jones，1897

- 44 -

古老的吸血鬼伯爵德古拉（Dracula）在19世紀末誕生於小說家伯蘭·史杜克之手，並完全成為後世一旦提到這個種族所想像的那種類型：表面上可能是優雅的中老年人，蒼白、瘦削，住在陰森黑暗的古堡中，一旦吸過足量的血，就能恢復青春英俊的樣貌。他的角色設計顯然參考了約翰·威廉·波里道利於1819年發表的短篇小說《吸血鬼》中首創的貴族吸血鬼，但《德古拉》同時開拓了吸血鬼這一生物進入恐怖類型題材的方向：他們對異性人類特有的魅惑力量被放大了，獵物或許出於被吸引而自願成為其受害者。民間傳說裡為人熟知的眾多特性，諸如吸血鬼畏懼陽光、大蒜、聖水，需要被宅主邀請才能首次進入某幢房子，鏡子無法照映出其身影等，也得到了一次具體的總結。此外，那位赫赫有名的荷蘭醫生亞伯拉罕·范海辛同樣是在這部作品中首度亮相，他以追捕德古拉伯爵為使命，最終成功將他擊殺。他所代表的這群與危險的傳說生物展開鬥爭的勇敢人類群體，亦有他們永垂不朽的代名詞 —— 吸血鬼獵人。

蝙蝠型吸血鬼，《火星上的吸血鬼囚犯》插圖·Henri Thiriet，1911

蝙蝠與吸血鬼的關聯似乎源之甚遠。整合了民間吸血鬼傳聞之多面相的小說《德古拉》中也曾描述，在吸食過獵物露西的血液之後，吸血鬼伯爵被目擊到變成一隻蝙蝠從露西的房間窗口逃走。推測某些具有吸血習性的蝙蝠是衍化出吸血鬼的根由並不可取，鑒於吸血蝙蝠最早被發現於16世紀的秘魯，而這一消息傳到歐洲大陸的時間只會更晚；也許可以推測的是，蝙蝠的夜行性和異於鳥類的翅膀令人們聯想到與天使對立的魔鬼，進而牽連了同等邪惡的吸血鬼。此後，吸血蝙蝠的存在得到印證，兩者愈發相輔相成……

《卡蜜拉》插圖·David Henry Friston，1872

另一部更早成書的經典吸血鬼小說《卡蜜拉》則專注於訴說吸血鬼也可能擁有的凡人之愛。化名卡蜜拉的吸血鬼與年輕的女孩成為密友，在進食的同時也引誘她與自己發生戀愛。卡蜜拉的食慾與愛慾一體相連，他的怪物身分讓他對這些年輕女孩的渴望變成了致命的災禍。人們容易想像怪物自降世以來都要飽經理性與本能相沖的折磨，這大概也是吸血鬼帶給人們憂鬱多情印象的由來吧。

死情人（The Dead Lovers），15世紀 70 年代

德拉古爾 (Draugr)

北歐的屍鬼德拉古爾在斯堪地納維亞的民間傳奇裡有清晰的輪廓：它們是死而復生的亡靈，身體多腐敗並散發撲鼻的惡臭，而且掌握變形的能力，可能變成海豹或者公牛的模樣，有時還是壓在熟睡者胸膛的一隻貓，可以隨心改變體重直到將人壓死。冰島的格拉提斯冒險故事（Grettis saga）中提到過一隻德拉古爾，他駐紮在自己的墳墓周圍看守其中的寶藏，吞食所有企圖靠近的動物。另一些說法，主要是在小說或遊戲視覺的表現方面，認為德拉古爾是死去的維京海盜再次歸來，這可以解釋為何它們那樣強壯嗜血。人們為了阻止這些不死的靈魂作亂，會將危險的屍體的腳拇趾用針縫在一起，至少這能造成他們復活以後一點行動上的障礙。

食屍鬼 (Ghoul)

嚴格意義上，食屍鬼於歐洲本土而言屬於外來物種。他們來自伊斯蘭教體系普及前的阿拉伯神話，本身就住在沙漠中，能變成鬣狗挖掘沙子裡的墳墓，吃掉被埋葬的屍體。進入歐洲以後，可能是食腐的危險係數高了不少（畢竟你永遠不知道墳裡埋著的是什麼），也可能是確實不用再繼續忍受沙漠裡杳無人煙的委屈，食屍鬼的食癖也開始轉向活人，而且同樣熱衷幼童；另外一種解釋是食屍鬼原本都是人類，由於吃了人肉，犯下禁忌，才在死後變成了怪物——這似乎是對於傳奇生物很普遍的詛咒。從事盜墓的人會被比喻成食屍鬼，意思是只做死人行當，對活人造不成什麼威脅。至於現在呼聲非常高的、受翻譯影響而變得和食屍鬼們混淆一氣的「喰種[1]」……那總歸還是另一碼事了。

杜拉漢 (Dullahan)

這位沒有頭部的不死亡靈在近年流行文化的衍生下變得相當引人注目，幾乎已經成了愛爾蘭傳說中最有名望，且在其他地方罕見同類的孤品怪物。他們標誌性的移動方式是身騎黑馬或乘坐黑馬拉動的黑色馬車，腋下夾著他們自己的頭，這使他們得到「無頭騎士（Headless Horseman）」的稱謂。古愛爾蘭人認為杜拉漢代表著死亡，他們一旦在何處停下、喊出某人的名字，就意味著這個人的死期已至。凱爾特的豐產神Crom Dub被視為杜拉漢的原身，在對他的崇拜最盛的時期，人們將活人斬首獻給他作為祭品，這據稱也是他最喜歡的獻祭形式。杜拉漢所使用的馬鞭是人類屍體的脊柱，馬車的裝飾則是人皮和頭骨，儘管聽上去很令人悚然，但想像那樣的存在或許迄今仍然馳騁於愛爾蘭夜晚的曠野上，倒還有點殘酷的詩意……

---

[1] 喰種，日本漫畫《東京喰種》系列中的生物。

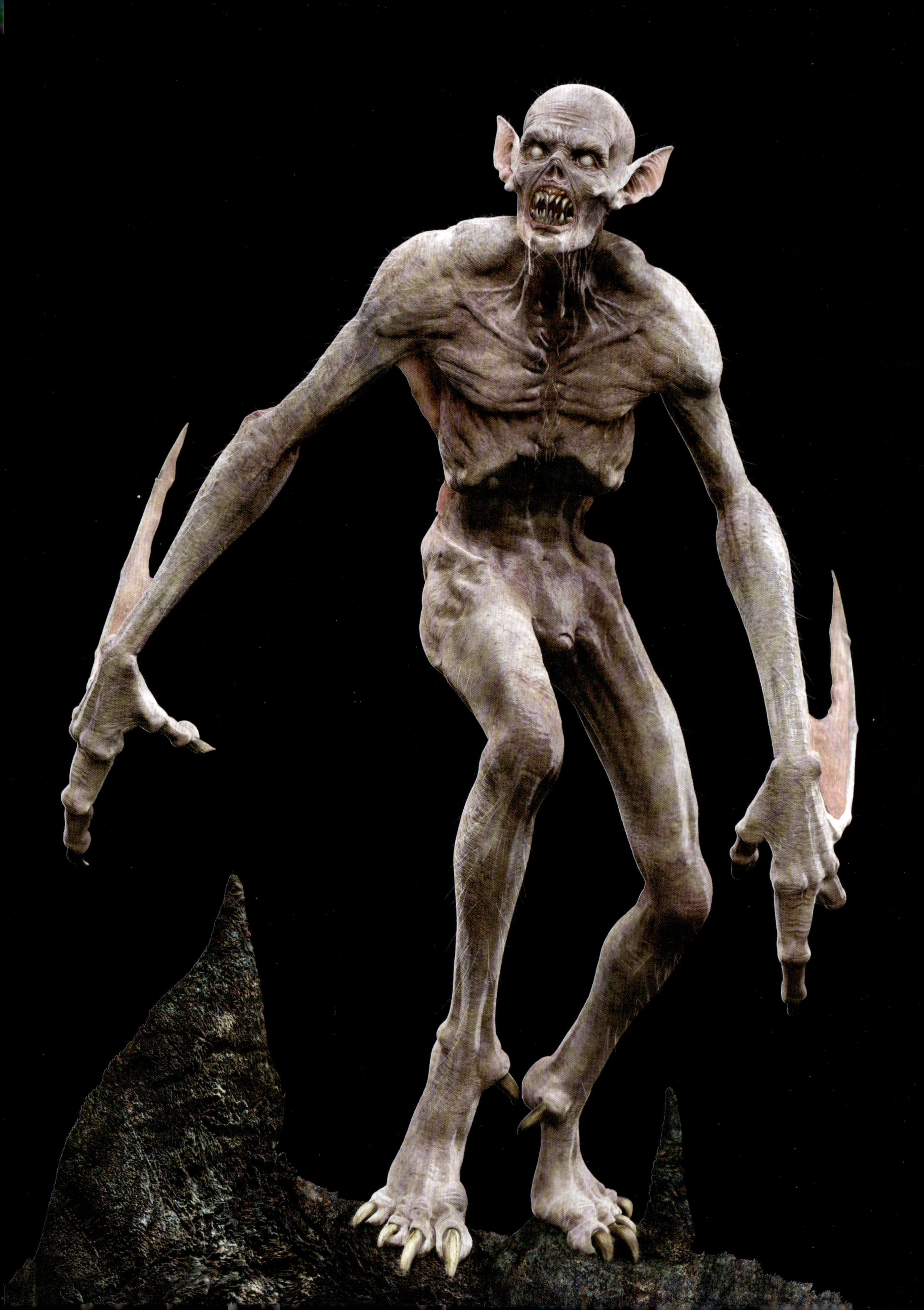

Vampire
吸血鬼
作者：Alejandro Olmo

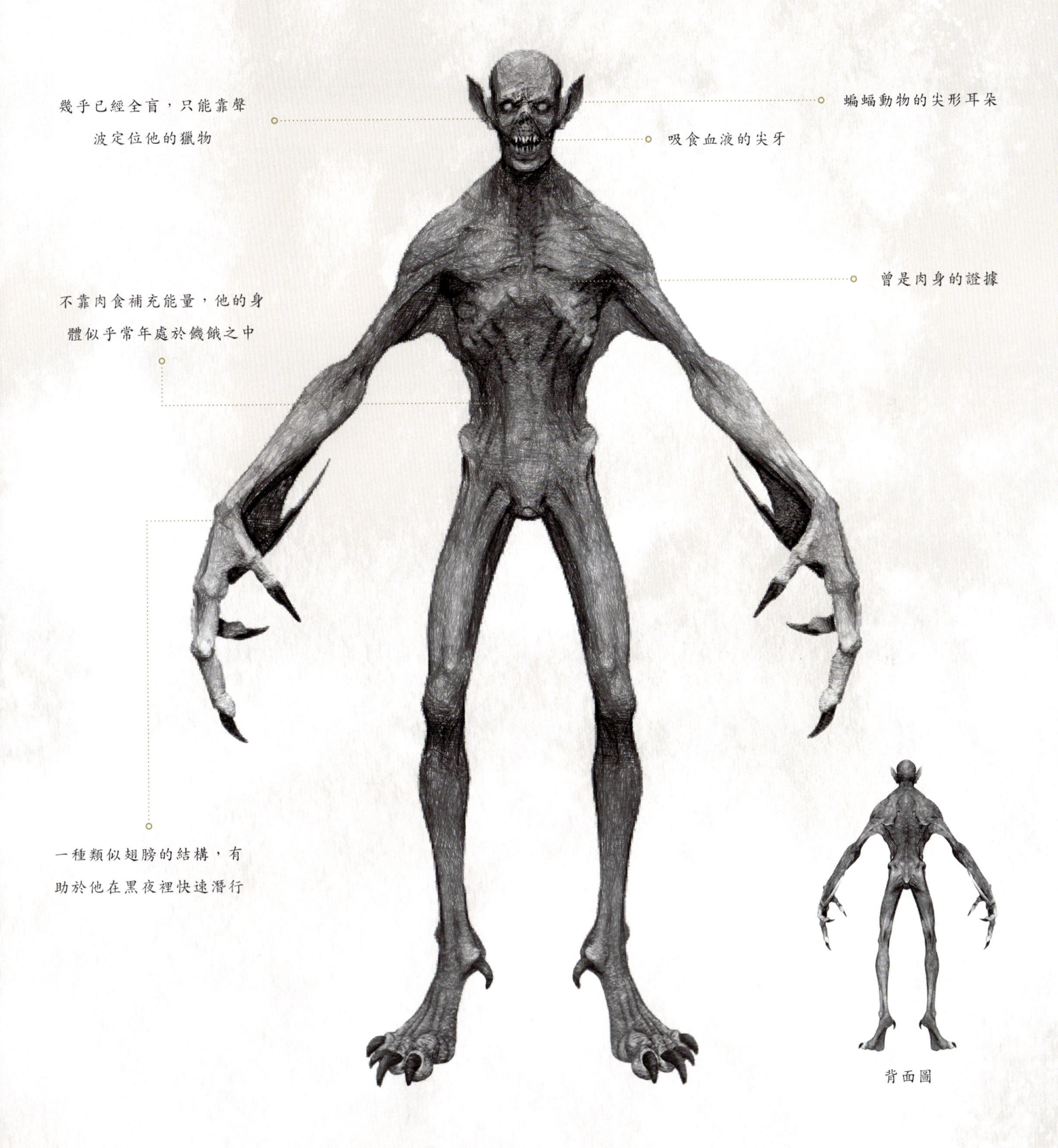

幾乎已經全盲，只能靠聲波定位他的獵物

蝙蝠動物的尖形耳朵

吸食血液的尖牙

不靠肉食補充能量，他的身體似乎常年處於饑餓之中

曾是肉身的證據

一種類似翅膀的結構，有助於他在黑夜裡快速潛行

背面圖

這個遭到神明詛咒的生物曾是天界的守護者。現在，他被放逐了，只能依靠獵殺人類來滿足自己對鮮血的邪惡渴望。

- 49 -

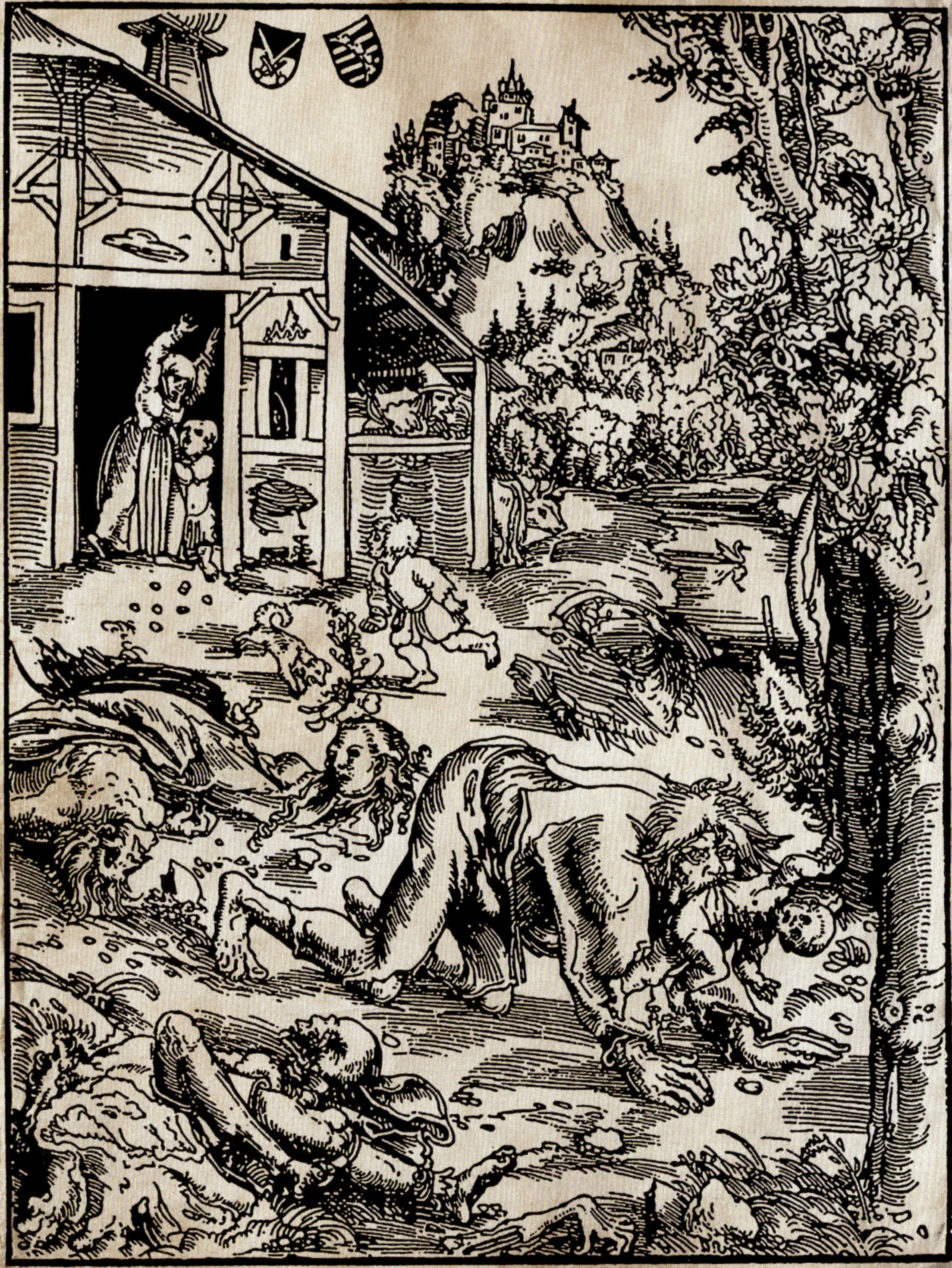

Werewolf
人狼

中文語境基本把人狼和狼人等同理解：平時是與常人無異的人類姿態，到了月圓之夜，在某種奇異力量的召喚之下，這個凡人渾身開始被毛皮覆蓋，口中長出利齒，頭頂冒出尖耳，眼中閃爍凶狠的綠光，變身成徹頭徹尾的狼。需要辨明的是，一部分有智識、能化人形的狼並不處於這個行列之內，它們是更智慧的動物，或者和隔壁的獸人朋友們有些關聯。而約定俗成的人狼，無論經歷過十六十七世紀隨著獵巫運動一同展開的人狼審判，還是重生於近兩百年以來的哥德幻想，他們的故事仍然歷代不息。偉大的希臘作者希羅多德於公元前5世紀成書的《歷史》（Histories）中早已記載過，今歐亞大陸中部曾有過一支名為Neuri的部落，其族人每年都有數日會變成狼形。儘管如今的流行作品擅長塑造他們忠誠英勇、義結同心的有為形象，過去的人更多的還是將人狼視作危險兇殘的生物。輕如被咬傷的家畜，重則失蹤乃至橫死的兒童，每一起難以解釋或找不到根據的攻擊性事件都似乎與他們掛鉤——這是否為人類又一種高明的栽贓手段呢？猶未可知。

Jgne Lycaonias deuastat Juppiter edes,
Jlle fugit rapidum vertitur ing lupum.

Syluas et rabiosa petit spelea ferarum,
Visus ferox animo, que fuit ante, manet.

呂卡翁被變成狼,《變形記》插圖,Hendrik Goltzius,1589

呂卡翁的故事載錄於奧維德的《變形記》,它或許是最早仔細描繪從人到狼這一轉變過程的文本:
「……他試圖說話,但他的聲音破碎了,變為帶著回聲的吼叫。他貪婪的靈魂腐蝕了他的咽喉,他對於謀殺的渴望轉移到了家畜身上;他最終還是耽於嗜血之中。他的衣服化作了蓬茸的外表,而胳膊變作了腿。他已經徹底變成了一頭狼。」

人狼襲擊,木版畫,Johannes Geiler von Kaysersberg,1517

神話中人變成狼的詛咒被看作是神對不敬之人的懲罰。希臘阿卡迪亞地區的國王呂卡翁想要測試天神宙斯是否真的具有神力,竟殺了自己的一個兒子,將他做成了湯款待宙斯;即意圖哄騙宙斯吃下人肉,觸犯神聖的禁律。宙斯被他的狂妄惹怒,將呂卡翁變成了一頭狼。在阿卡迪亞,這類人狼的傳說具有共同的禁忌內核。老普林尼在他的《博物志》中引述,當地名為Anthus的氏族每年會進行抽籤,選中一個人前往一片沼澤,將他自己的衣服懸掛在沼澤前的某棵橡樹上。之後他游過這片沼澤,就會變成狼。這個人狼將加入狼群生活九年,期間只要不吃下任何人肉,就能再次恢復人形,而外表也同步增長九歲;否則,他將永遠地成為狼。

披毛人或人狼，《預言之書》插圖，Conrad Lycosthenes，16世紀

人狼襲擊女性人類，版畫，19世紀

人狼和吸血鬼有著微妙的關聯，有時近乎是統一身分；德古拉伯爵就可以變成一隻狼。被人狼咬過的人類可能擁有狼變的能力，正如吸血鬼的體質也會傳染那樣。

牧師給予人狼以聖餐，《愛爾蘭地理》(*Topographia Hibernica*) 插圖，12世紀或13世紀
愛爾蘭流行過關於王國奧索雷（Ossory）的人狼的民間傳說。這個國度的國王與一支人狼部落的首領貌似是親戚關係。一位牧師曾在旅行中途遭遇來自奧索雷的人狼，人狼同他談論上帝以向他示好，並請求他前去幫助自己患病的伴侶。

中世紀歐洲普遍相信人狼是真實存在的生物，早期的基督教作者聖奧古斯丁（著有《懺悔錄》）提到一些女巫的符咒會讓男人變成狼；後來丹麥的克努特大帝將「保證瘋狂的人狼不會太廣泛地襲擊人群」寫進他的教會法。12世紀的詩人瑪麗·德·法蘭西著有以人狼為主角的作品《人狼之詩》（Bisclavret），講述一名向妻子坦承了自己的身分卻遭到對方背棄的人狼騎士的故事。這位妻子聯合情夫將人狼變身前的人類服飾藏了起來，使他無法再從狼變回人形。騎士被迫以狼形生存，並在一次皇室圍獵中不慎被捕，卻也藉此機會得到了國王的垂憐。最終他借國王之手實現了復仇，也終於拿回了

Représentation de la bête féroce nommée hiène.

熱沃當的狼怪死於步槍之下，1765

18世紀的獵人約翰‧加斯丹以銀彈槍殺了當時遊蕩在法國熱沃當地區的狼形食人怪獸。不能確認熱沃當怪物是否為一種人狼，但這一事件顯然讓銀子彈的威力在人們的腦海中留下了非同凡響的印象。

貝德堡的人狼被處刑，1589

處刑人狼的手段和人狼的惡行同樣殘酷：人狼會被斬首，屍體則被拖走焚燒。如今更科學高效的滅狼手段莫過於傳奇的銀子彈，據說這是人們發現了惡魔的血液內含硫黃的緣故；與硫元素接觸的銀元素形成硫化銀，它能毒害人狼的身體器

衣物、某種藥物或飲品、咒語，以及月亮的神秘力量……這些都有可能成為人狼變身的媒介。德國貝德堡的人狼彼得‧史坦普（Peter Stumpp）在犯下殺死並吃掉2名孕婦和14個孩子（其中一個是他的親生子）的罪行之後被逮捕，聲稱他狼變的能力來自魔鬼贈予他的一條魔法腰帶，當他繫上腰帶，就會化身成無血無淚的野獸；法國多勒的人狼基爾斯‧加尼爾（Gilles Garnier）則表示一個亡靈給他的神奇藥膏使他變成了狼，並殘忍地殺害了至少4個孩童。他們都是在16世紀歐洲橫行的獵巫風潮下被審判

人狼倚靠在墓地的牆上，喬治·桑《法國田園傳說集》插圖，Maurice Sand，1858

孤身的男性人類被人狼襲擊，A.F.Pannemaker，1895

斯拉夫民族為我們提供了人和人狼相處模式的另一種可能性：在中東歐，人狼更接近現代想像中那類荒野怪物的形貌，他們可能是被詛咒的，或者是命中註定要成為異類（有巫師史的家族更容易誕生人狼）的；一些被迫變成怪物的人狼還保留著人性的意識，而不像西邊的兇手們那樣完全被獸性控制，這樣的人狼很可能出於道德而將自己餓死。古斯拉夫存在狼崇拜文化，狼的性格上具有同時作為野獸（熊）和家畜（犬）的雙重

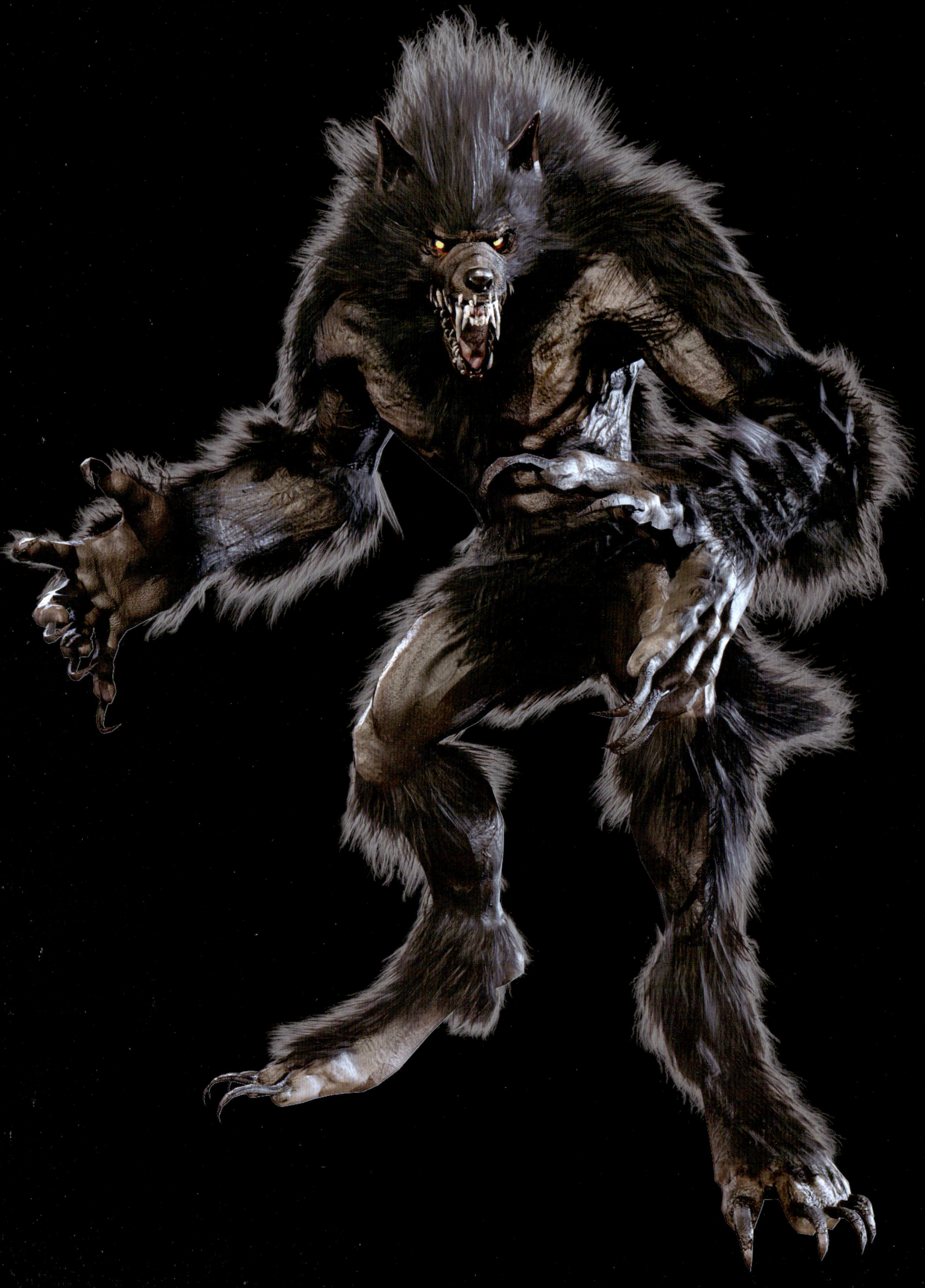

Werewolf
人狼
作者：Panchenko Andrey

厚實的長毛皮，看上去經過精心打理

人類的骨骼結構

行動上傾向於兩方兼顧，腿關節處常年保持彎曲，隨時可以變換移動方式

他的骨骼構成屬於人類，指甲也是人類指甲的狀態，只不過像狼那樣不加修整，略顯駭人

沒錯，這就是你們想要的那種人狼——他作為人類的成分已經稀薄到一定程度，除了直立行走以外，幾乎已經看不出他曾為人類的證據。他遊蕩在荒郊野嶺，於月圓之夜孤獨地長嗥，以尋求同伴的庇護。

凱隆・蝕刻版畫・資料來源：*Wellcome Images*

Centaur/Centauride
半人馬

一團疑雲常年地籠罩在半人馬族的頭頂（或者身下）：他們究竟是人類屁股後面長著半匹馬，還是馬背上連著半個人？雖然最早見識過這一神話生物的希臘人在他們的陶器和雕塑上留下了至少三種對於不同形態的半人馬的描繪，但更多的藝術作品還是傾向於統一標準：擁有馬的身體和四足，以及人的上半身。起初的半人馬被認為是野蠻的、無節制的動物，終日飲酒作樂，耽於肉欲，一部分半人馬常被塑造為酒神戴歐尼修斯的擁躉或愛神厄洛斯的奴隸。但他們也並非只有臭名在外，以海克力斯、伊阿宋為代表的諸多希臘英雄，以及醫療之神阿斯克勒庇俄斯的導師——名叫凱隆的半人馬幾乎憑一己之力創造了這個種族的所有佳話。後世關於半人馬們擅長占星、狩獵、治療、音樂的印象，恐怕都是來源於這位兼具賢明品性和淵博學識的智者。包括現在的西方奇幻作品在內，半人馬的形象都是極端雙重的，他們在《納尼亞傳奇》裡是忠誠的高等智慧生物，而到了《哈利波特》中則是居住在森林深處，更接近於陰譎而對人類漠不關心的野獸……如果不慎正面遭遇，想要寄望於他們的善意來謀求一條生路，想必也將是一場豪賭。

凱隆教導年輕的阿基里斯（後來被稱為「希臘第一勇士」），Giuseppe Maria Crespi, 1695—1700

（左至右）阿波羅、凱隆、阿斯克勒庇俄斯；濕壁畫，1世紀

劫奪希波達墨婭（*The Rape of Hippodamia*），Peter Paul Rubens，1636—1638

酒精時常讓半人馬們做出一些糊塗事，譬如他們闖入後來的拉庇泰人的國王皮瑞蘇斯的婚禮現場，企圖搶走新娘希波達墨婭。不幸的是，這位國王的終生摯友正是那位功績顯赫的雅典英雄忒修斯，他作為婚禮的受邀嘉賓之一恰好在場。最終忒修斯幫助好友贏得了與半人馬的戰鬥，奪回了新娘，並將半人馬們逐出了皮立翁山。

希臘神話賦予了半人馬完整的身世：犯下弒親重罪的拉庇泰人的國王伊克西翁遭到放逐後獲得了宙斯的同情，被帶到奧林帕斯山享用神的晚宴，然而他卻在晚宴上對天后赫拉表露出垂涎。為了驗證自己的懷疑，宙斯將一朵雲化作赫拉的形象，使之引誘伊克西翁。伊克西翁與這朵被稱為涅斐勒（Nephele，一說為雲寧芙）的雲交合，這就誕生了半人馬的祖先伊姆羅茲；伊姆羅茲又與皮立翁山上的母馬群交配，半人半馬的生物便在此形成了族群。這個起源說或許暗示了半人馬本身就是非道德的產物，可以為他們普遍放蕩縱慾的行徑做出解釋。

牧神潘在寧芙和羊男們面前吹著笛子。潘的笛聲據說有催眠的功能；David Teniers the Elder，1638

羊男 (Satyr)

追隨酒神戴歐尼修斯的隊列中還有半人半羊的怪物，羊男薩堤爾，他們一般長著短小的羊角和羊耳朵，下半身是兩條羊腿，像人一樣直立行走。薩堤爾是只有男性的種族，他們生性極度放浪，是淫慾的化身，每天和寧芙們在山林間肆意地追逐玩鬧，企圖引誘她們交歡。羊臉的牧神潘有時被認為是薩堤爾的領導者，鑒於他們擁有同一個父親——希臘的商業、旅者、小偷和畜牧之神荷米斯，而潘的智慧與才華顯然高出其他的羊男一大截。在清身節慾的天主教看來，羊男的瘋狂與縱慾都是可怕的原罪。潘的面容，尤其是那對代表性的羊角，也體現在歐洲中世紀的魔鬼形象中。

半人馬之戰（Fight of the Centaurs），Arnold Böcklin，1872—1873

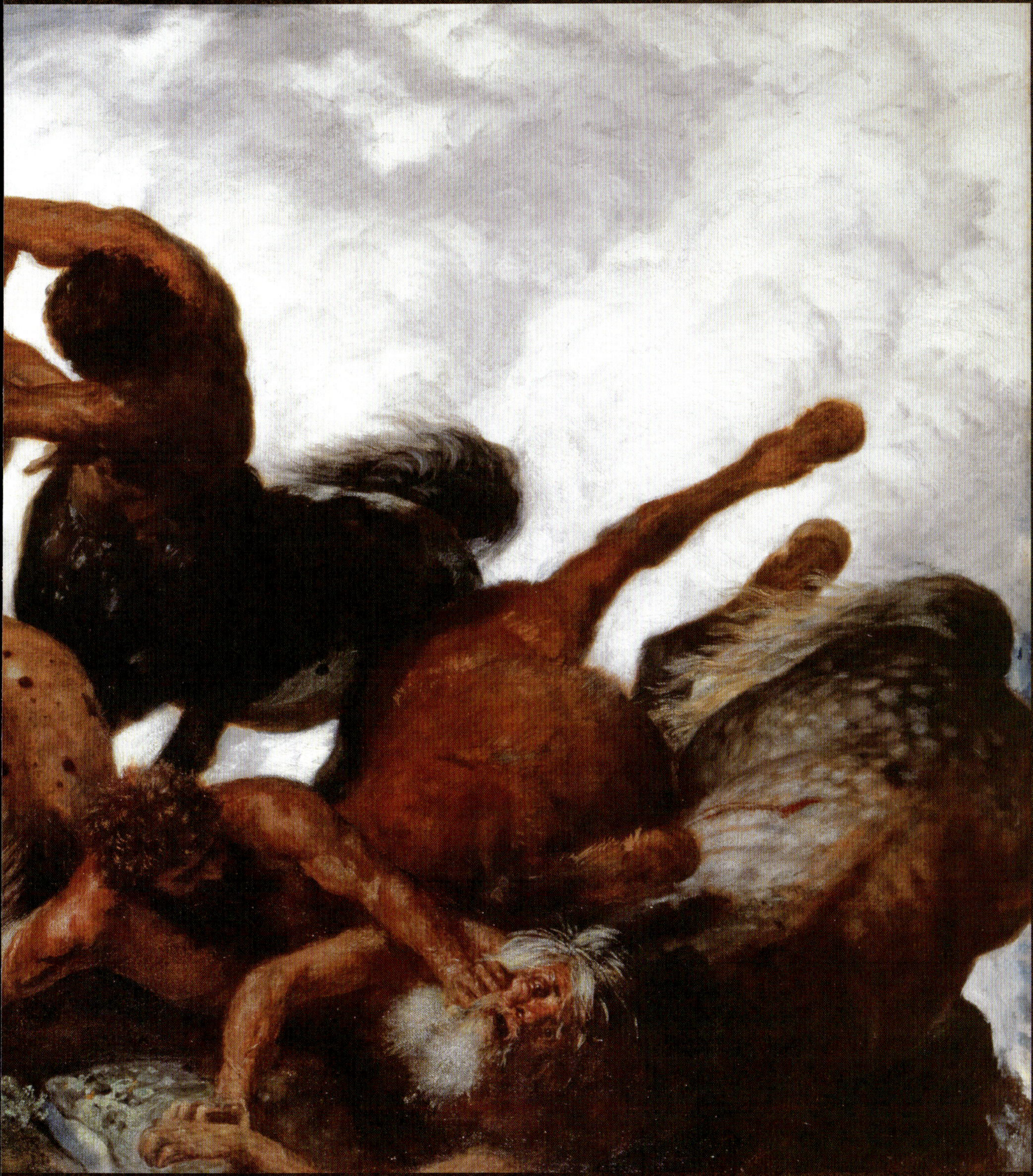

賽蓮和半人馬,《中世紀動物圖鑑》插圖,1270

半人馬同樣在歐洲中世紀的藝術裡頻繁出現,主要是作為一種真實存在的生物記載於當時諸多的動物寓言集(Bestiary)之中。這種寓言集通常以動物圖鑑的形式呈現,其中的每種動物都是一種道德或非道德的化身,具有基督教話語下的教化意義。而半人馬的故事建立於其人形背後的獸,被詮釋為隱藏在人性背面的獸性,象徵著「偽善之罪」。他們時常與代表「虛榮」的半人鳥女妖賽蓮並對出現,共同構成一種分別針對男女的道德隱喻。

狩獵中的半人馬，Ludvig Abelin Schou，1866—1867

水馬 (Each-uisge)

一種生活在蘇格蘭的海或是湖泊裡的神奇生物，同時以人和馬的形象流傳於民間。這是因為它們是高超的變形能力者，平常會以馬的姿態潛伏在沼澤周邊，有時則變成英俊的男子引誘異性，只有頭髮間夾雜的砂石和水草會暴露它們的真身。化成馬的水馬則更難以辨別，人們可能把它們的化形當成普通的馬匹駕馭，這在陸地上還算安全。然而一旦它們接觸到水或聞到水的氣味，事情就變得可怕起來：騎馬的人會發現自己的皮膚與馬黏結一體，無法脫身。隨即水馬便跳進水裡，並把背上的人拖入水底，撕碎吞噬。

凱爾派 (Kelpie)

另一種同樣水棲並可以變形的蘇格蘭妖精與水馬非常相似，只是比起湖泊更多見於湍急的河流中，這也讓受到它們的引誘而溺斃的事件似乎顯得有理可循。凱爾派也被認為是孤獨的生物，有傳說聲稱一隻愛上人類女子的凱爾派在某位賢者的幫助下為愛情捨身救人。此外，凱爾派也熱衷於拐騙小孩，它們能夠延長自己的馬背，一次帶走數名兒童。離家而失蹤的孩子是被水裡的妖怪抓走的……對於某些高明的家長來說，這當然又是另一個好用的睡前故事了。

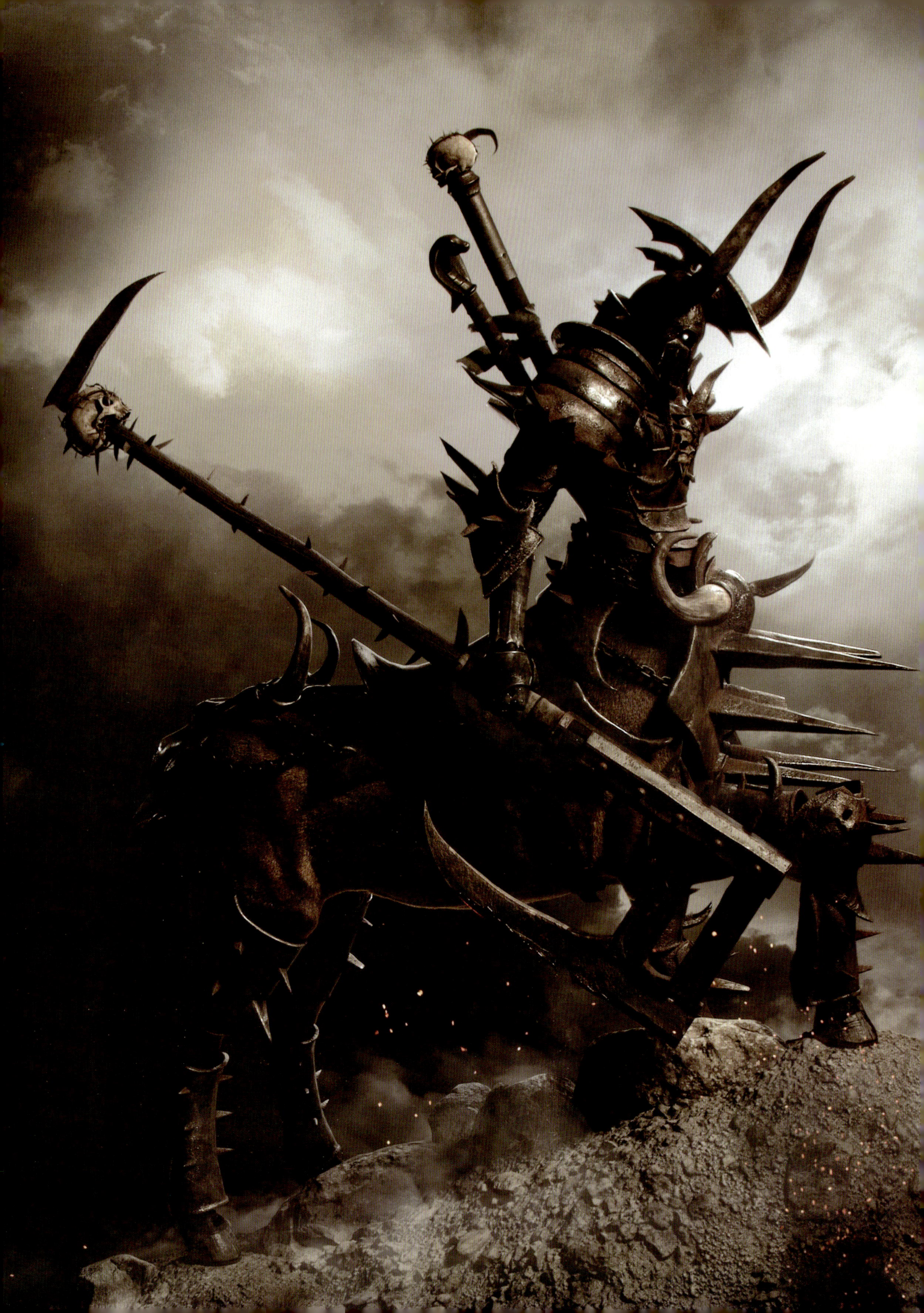

Daghdac Raider
暗黑突襲者

作者：Nădejde Cosmin

取代傳統的弓箭，背後是一旦被破防後能夠立刻進行近身戰的刀劍

這套嚴絲合縫的裝備很顯然仿照了中世紀騎士的盔甲樣式，質地冰冷，無堅不摧

胯前的盔甲設計成了見血封喉的利刺，可以抵抗任何形式的近身攻擊

有如斷頭臺的鍘刀般的特殊鐮形武器，上面還滴淌著敵人的鮮血

堅實的蹄部，想要踏破沙場想必不需要任何人為裝卸的馬蹄鐵

這個半人馬是來自暗黑部落的突襲者，身披魔法盔甲、久經沙場的戰士，從他的身上已經無法感受到一絲人情的氣息，宛如戰場上的死神。

人魚（*A Mermaid*）・John William Waterhouse・1900

Mermaid/Merman
人魚

人類對於美人魚的夢作了又醒、碎了又拼，儘管有再多無趣的務實者向我們指出海洋中不可能存在類人的生物，有關人魚的目擊不過是一種基於儒艮或海牛等海洋哺乳動物的杜撰——可是真的會有人把這些圓滾滾、胖乎乎的傢伙錯看成夢幻美麗的人魚嗎？現代大眾印象最早、也最深刻的人魚故事，莫過於兒童時期聽過的那篇令人心碎的小美人魚童話，她不忍心殺死愛人換回自己的魚尾，最終化作了海上的泡沫。更久以前的人魚則是烙印在航海者集體記憶中的女神，同時具備災星和福星兩種複雜面相：在航行中聽見人魚的歌聲被認為是絕對的兇險，因為水手很可能受到那歌喉的引誘而迷失自己的方向；但人們也會在古代遠航的大型船隻船頭裝設雕刻人魚模樣的木像，以此企望這趟旅途能夠順遂平安。作為異族的人魚擁有長壽的生命，卻不存在靈魂或來世，在漫長無聊的人生（魚生？）中，與人類相愛或隨手將他們溺死或許都只是一種消遣的手段，並沒有太多的善惡可辨。至於是否要靠近那片飄蕩著動人又危險的旋律的海域，還是交由那些被蠱惑的人來決定吧……

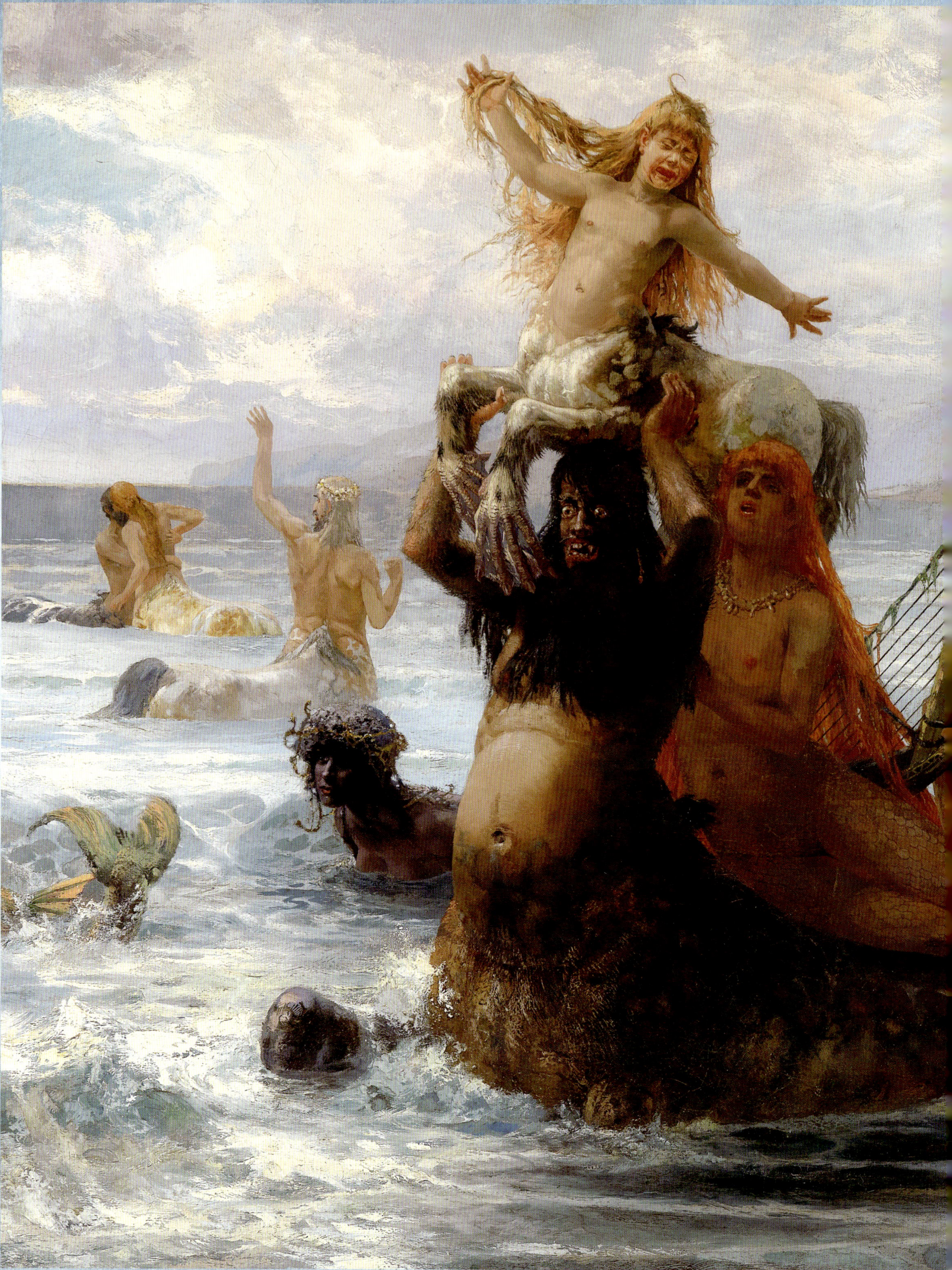

海中的半人馬與人魚，
Ernst Albert Fischer-Cörlin

海妖與尤利西斯（*Ulysses and the Sirens*），Herbert James Draper，1909
被塞蓮的歌聲誘惑的尤利西斯（奧德修斯）船隊

一個船夫捕獲了一條人魚，《波蘭童話》插圖，Cecile Walton，1920

在安徒生童話《小美人魚》的結尾，小美人魚不忍弒愛，選擇赴死，她的無私得到了神的祝福，得以獲得不朽的靈魂。事實上，民間故事裡的人魚與人類的愛情要更不齒一些。前者尤其是身為女性的人魚，有可能是出於不慎被捕或被抓到了把柄，才因此被脅迫的，比如被偷走了帽子、腰帶、梳子或鏡子這樣的貼身物品。這是人魚不得不與人類結成婚姻的媒介之一。如果她們能夠找回這些遺失的物件，就能迅速回歸大海。有時二者的婚姻是在某些條件下達成的，類似一種契約，當約定條件破滅，這種關係也將隨之解除。

或許是因為同樣是在海上用誘人的歌聲引發船隻事故，抑或鳥的身形實在很難讓大多數人產生魅惑的想像，希臘神話中的鷹身女妖賽蓮隨著後來的傳說演化，漸漸變成了人魚的形貌——最有名的標誌當然是連鎖咖啡店星巴克品牌上那個綠底白線的海妖頭像。但神話中真正的半人半魚另有身分：他是海神波賽頓與海之女神之一安菲特里忒的兒子特里頓，詩人奧維德將他描述為「海的顏色」、「肩膀上鋪滿貝殼」。特里頓通常作為父親的傳令兵，帶領一班同樣人身魚尾的生物現身海上（也有說法認為這樣的生物統稱為「特里頓」），吹響他那支能發出讓巨人也為之震悚的咆哮聲的獨特號角，平息海面或捲起風浪。

漁夫與賽蓮（*The Fisherman and the Syren*），Frederic Leighton, 1st Baron Leighton

羅馬時期的老普林尼在他的《博物志》裡提及一些當時已知的人魚資訊，例如「身體仿似人類的部分仍然粗糙，並覆滿鱗片」；還提到一些類似的「海人」，他（或她）會趁夜爬到船的一頭，坐得越久，這船頭就越向下沉，直到沉入水底。更古怪的事情發生在16世紀，一種名叫「主教魚」的半人半魚形怪物出沒在歐洲海岸，據說有一隻曾被捕獲獻給波蘭國王。它向一些在場的天主教的主教打手勢請求他們釋放，被應許自由後，這隻主教魚往胸前比畫了十字，消失在海中。

中世紀的木刻、浮雕以及時興的紋章樣式上也開始出現兩條尾巴的人魚，她們大多長髮披身，雙手各持一條魚尾高舉至頭部，其中一些被描繪為小腹隆起的狀態。這個象徵正在交媾或分娩中的女性的圖案是自然之母（Mother Nature）的人格化表現之一。熱衷賦予每種生物特有意義的中世紀圖鑑將人魚視作雄辯和虛榮的象徵，前者可能指向她們在歌唱時具有不可被抵抗的力量、後者則常在她們手持鏡子或梳子自賞美貌的時刻有所體現。

主教魚（Bishop fish），《動物史》（Historia animalium）插圖，Conrad Gessner，1696

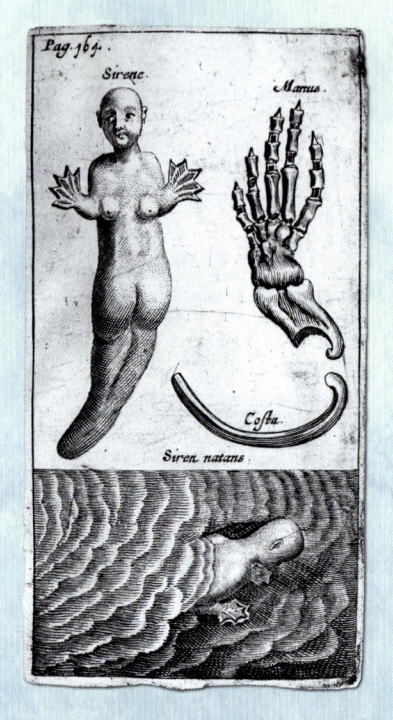

17世紀托馬斯・巴托林（Thomas Bartholin）繪製的人魚解剖結構

人魚（與多種生物），《兒童畫冊》插圖，Friedrich Justin Bertuch，1806

雙尾人魚，密特朗 St.Ägidius 教堂壁畫，Wolfgang Sauber

薩特闊在水下王國（*Sadko in the Underwater Kingdom*），Ilya Repin，1876

露莎卡 (Rusalka)

被斯拉夫人稱為「露莎卡」的水仙女與人魚的概念很相仿，儘管她們不一定擁有標誌性的魚尾巴。露莎卡是由年輕女性的鬼魂轉化的，居住在湖或河流當中，生前或許遭受過不幸的婚姻與家庭暴力，而導致自殺或被謀殺。長期的水下生活讓她們的皮膚呈現缺乏生氣的蒼白色，頭髮則像淡綠色的藻類，當她們在月光下結隊舞蹈歌唱、呼喚某個男人的名字時，就是在引誘他們來到水裡並溺死——當然，這是一種復仇。

賽爾克 (Selkie)

罕見的賽爾克稱得上是蘇格蘭的特產「人魚」，他們在海裡以海豹的形態生活，到了陸地上則能透過脫掉海豹皮來變成人類。類似人魚或其他仙女傳說，一些民間故事流傳著人類男子偷走或藏匿女性賽爾克的皮，從而強迫她們留在陸地上與自己成親的陰險案例。英俊的男性賽爾克則處於擇偶的優勢地位，人類女性若希望與他們發生關係，可以在漲潮的時候流七滴淚到海裡，像進行一種召喚儀式……蘇格蘭的海豹真有這麼多嗎？

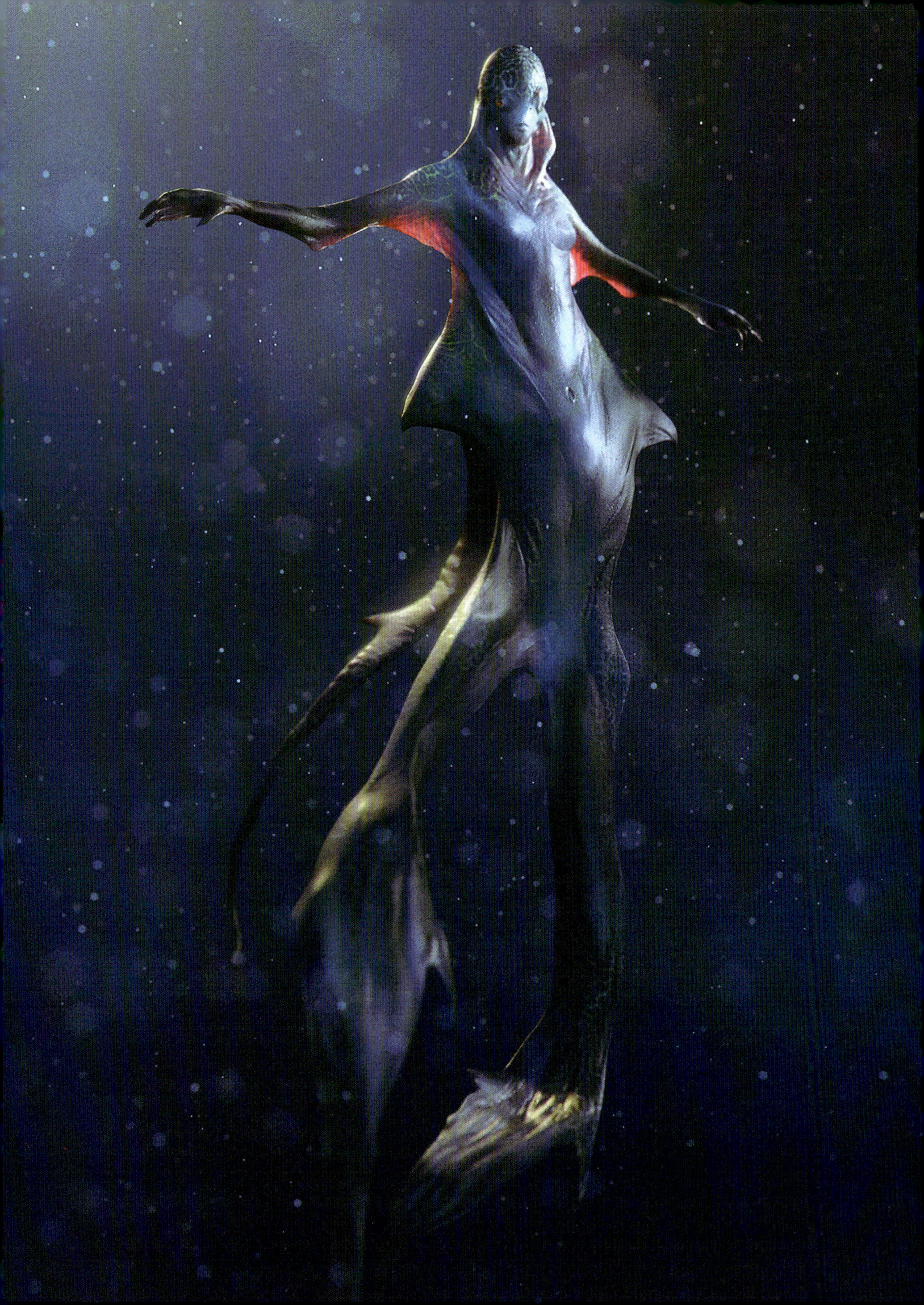

Alien Mermaid
外星人魚

作者：Jakub Javora

擴張外化的腮

皮膚膈膜外延到身軀外部，
變成身體的一部分，便於
水下快速移動

隱約的暗紋，
或許是一種古老的語言

細小的鼻縫，
海洋哺乳動物的特徵

異種的瞳孔
凸出，散發紅光

已經變得扁平的腿部。
腳部的骨頭擴散，形成
了類似鰭狀肢的東西

這條來自域外的人魚潛伏在人類的深海中，窺伺文明的伊始與終焉。

他起初可能並非現在的形態，長年的深水環境使它長出適應性的鰭，也變成了這副有些令人不敢恭維的容貌。

[第二章]

獸／鳥／合成種

  自然是飛禽走獸的自然——人類遺忘了從前的故鄉，並且將自然當成了自己的觀測對象。
  人們從自然中探索文明無法企及的邊界，作為原住民的鳥獸在目擊的錯位和想像的異化之中長成了林林總總的怪物。正是人類好奇心強盛且科學依然隱沒叢林的時代，怪物才得以自由馳騁，而當文明步上必然的擴張進程，它們賴以生存的領域也註定淒涼地消亡，直到人類再也無法找到桃源的入口⋯⋯怪物是內心恐怖的映射，如果連對自然的敬畏都已經衰減，接下來我們該害怕什麼？

斯芬克斯倚靠在岩石上（*Sphinx ailé accoudé à un rocher*），Odilon Redon，1892—1895

Sphinx
斯芬克斯

我們之中的絕大多數人一定是從金字塔前威嚴的獅身人面像認識斯芬克斯的——這種在歐洲乃至亞洲多個文明地都留下過行蹤的混種動物被公認起源於埃及，吉薩的獅身人面像已經於風沙之中巍然佇立了四千五百年。古怪的是古埃及的斯芬克斯似乎打從一開始就是一尊石像，面部雕刻著男性法老的五官，坐落於神廟和古墓群附近，被猜測是某種神祕的精神守衛。五個世紀後的希臘記錄了作為生靈、鮮活的斯芬克斯，屆時它以女性的頭首與有翅膀的雌獅之身示人；無法確認希臘的斯芬克斯是否有其族群，鑒於僅有一隻趴伏在皮奧夏地區底比斯城外山崖上的斯芬克斯留下了光榮的歷史：在它使用謎語考倒了無數過路人，並將他們統統吞食下肚以後，跟從神諭指引的伊底帕斯來到此地，成功解開了它的難題；這隻驕傲的斯芬克斯無法接受自己的智識被凡人比肩的事實，最終跳下懸崖而死。但那道優美的謎語終究令它無所不知的能力亙古流傳，以至今日斯芬克斯依然是智慧與理性的化身。一如那些文藝復興之後於歐洲各地被創作出來、更加強調審美性的獅身人面像，斯芬克斯決非純粹的恐怖怪物，它時常是狡黠的、彷彿親暱的，並且凸顯了古典式的女性特質：健美而同時柔韌——恰如許許多多的貓科動物，尤其是大型貓科動物帶給我們的優雅之感。

來到斯芬克斯面前的伊底帕斯,《所有國家的神話與傳說》插圖,Logan Marshall

斯芬克斯,《動物學中的古怪生物》插圖,John Ashton,1890

這道經典的謎語正是當年斯芬克斯的絕殺謎題:有一種動物,早上四條腿,中午兩條腿,晚上三條腿,請問這種動物是什麼?——謎底顯而易見,是人。謎面中一天的不同時間段分別代表人的幼年、青年與老年。伊底帕斯破解謎語,解決了吃人的斯芬克斯,被擁戴為底比斯的國王,迎娶失去丈夫的王后柔卡絲塔,而後者實際上正是伊底帕斯的生母,那位被伊底帕斯失手殺害的前任國王則是他的生身父親。可以說,斯芬克斯的死亡是伊底帕斯弒父娶母的悲劇命運中不可缺失的一環,這似乎暗示著:掌握著高等智慧,甚至淩駕於智慧之上的人類,也無法避免命中注定的災禍。

希臘詩人海希奧德的《神譜》揭秘了斯芬克斯的身世由來:它是由蛇尾的雙頭犬俄耳托洛斯與獅頭、羊身、蛇尾的奇美拉交配生下的怪物,和它一同誕生的還有它的兄弟——涅墨亞雄獅。埃及一種羊頭獅身的造像「Criosphinx」有時被視作斯芬克斯的一個變形,這或許可以關聯到緣何希臘的斯芬克斯擁有一個血統如此豐富的母親。

奇美拉，Jacopo Ligozzi，16 世紀或 17 世紀

《金門廊：一本希臘神話》插圖，Hutchinson, W. M. L. (Winifred Margaret Lambart)，1868

我們將在後面的單元講到這個故事：英雄貝勒羅豐騎著天馬佩加索斯殺死了奇美拉。圖片左側是指派這項看似不可能完成的任務的國王伊俄巴忒斯和守護貝勒羅豐完成這項任務的女神雅典娜。

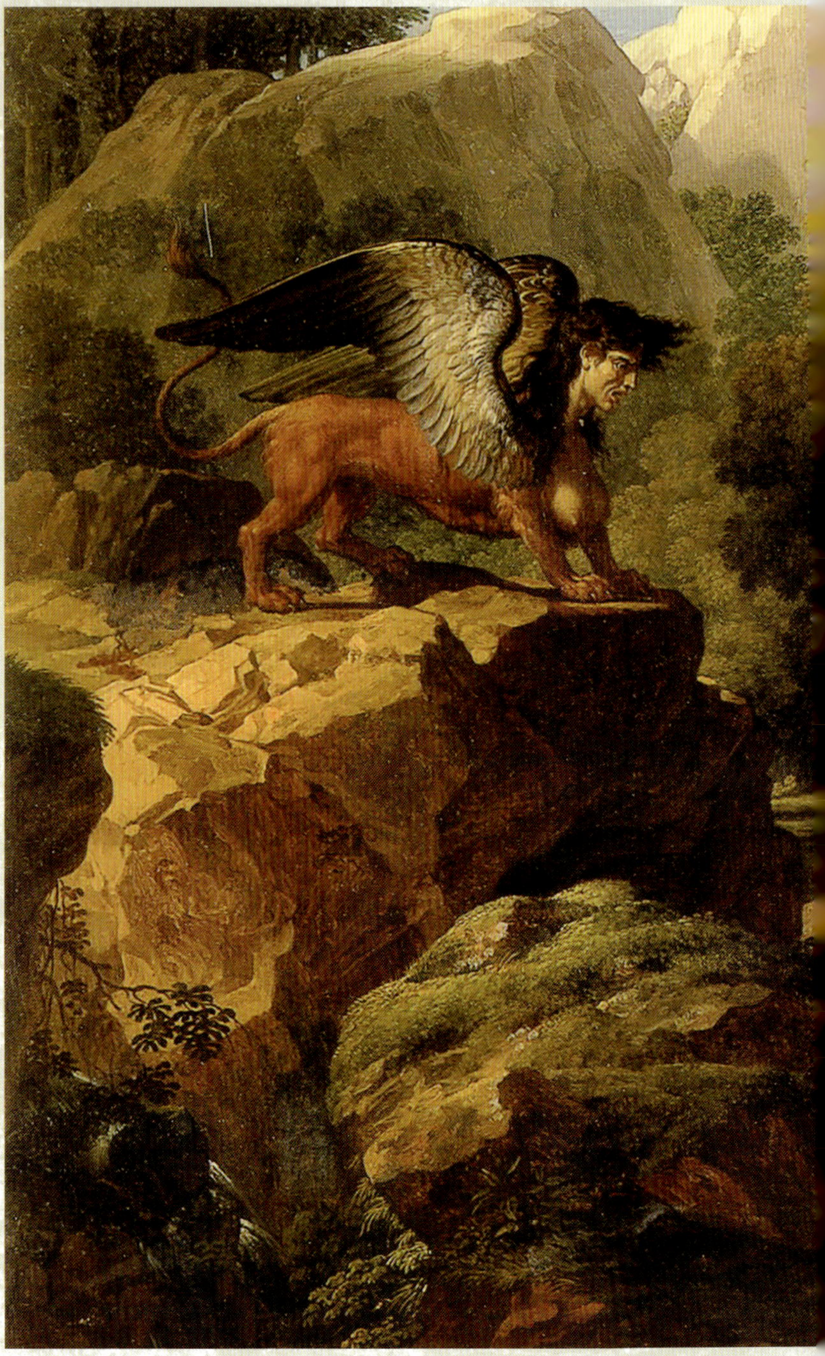

伊底帕斯與斯芬克斯（Oedipus and the Sphinx），
François-Xavier Fabre，1806—1808

海克力斯與涅墨亞雄獅（*Heracles and the Nemea Lion*），Peter Paul Rubens

涅墨亞雄獅就是我們熟知的那個獅子座的原主，它生前是天后赫拉的寵物，力大無敵之餘，還生有刀槍不入的厚實毛皮。英雄海克力斯為贖弒子之罪，所以必須要完成十二項功績，其中第一項就是殺死涅墨亞雄獅。在赤手空拳活活勒死獅子之後，海克力斯用獅子自己的爪子剝下了獅子皮，將之製成了皮甲，這身獅甲在他往後的任務中始終守護著他的安全。據說海克力斯在這場戰鬥中失去了一根手指，他將手指埋了起來，並在墳上立了一隻石獅像。這延續了一種傳統：獅子總是用來看守重要之地的入口。

酒神戴歐尼修斯的豹子馱著他的女祭司，William-Adolphe Bouguereau，1855

中世紀的獅、豹等大貓已經很難在歐洲本土見到，它們只有可能進口自亞洲或非洲，並在城市和宮廷內豢養。故而一種說法是，對大型貓科動物的怪奇描繪大多源於實物樣本的缺失。希臘時代的歐洲還擁有自己的大型貓科動物，僅從神話傳說上解讀，它們與神以及人的關係應該都是相當親密的。

《Caresses》，Fernand Khnopff，1896；象徵主義畫派表現的伊底帕斯故事，豹身的斯芬克斯顯得柔軟又甜美

帕德，《阿伯丁動物寓言集》插圖，12世紀

帕德 (Pard)

現在的豹子在中世紀一度被認為是一種混血動物，類似虎獅或騾，由雌性獅子和一種名為帕德的雄性貓科動物雜交而生，這也是豹的名字leopard為何由「leo（獅）」和「pard」構成的原因。據老普林尼的記述，帕德形似雌獅，會散發出一種獨特氣味，雌獅與其的交配渴望之強烈，以至於會引起雄性獅子的嫉妒，從而攻擊雌獅。阿伯丁的動物圖鑑裡記錄了帕德的形貌，可以明顯看見它生著有點像獅子的深色長毛，而渾身佈滿豹子式的圓形斑點。帕德通過嘴裡的甜味吸引動物靠近，藉此捕獵牠們，並在填飽肚子後睡上三天。18世紀以後豹子的獨立血統終於得到認知，而帕德卻不知道去向何方……

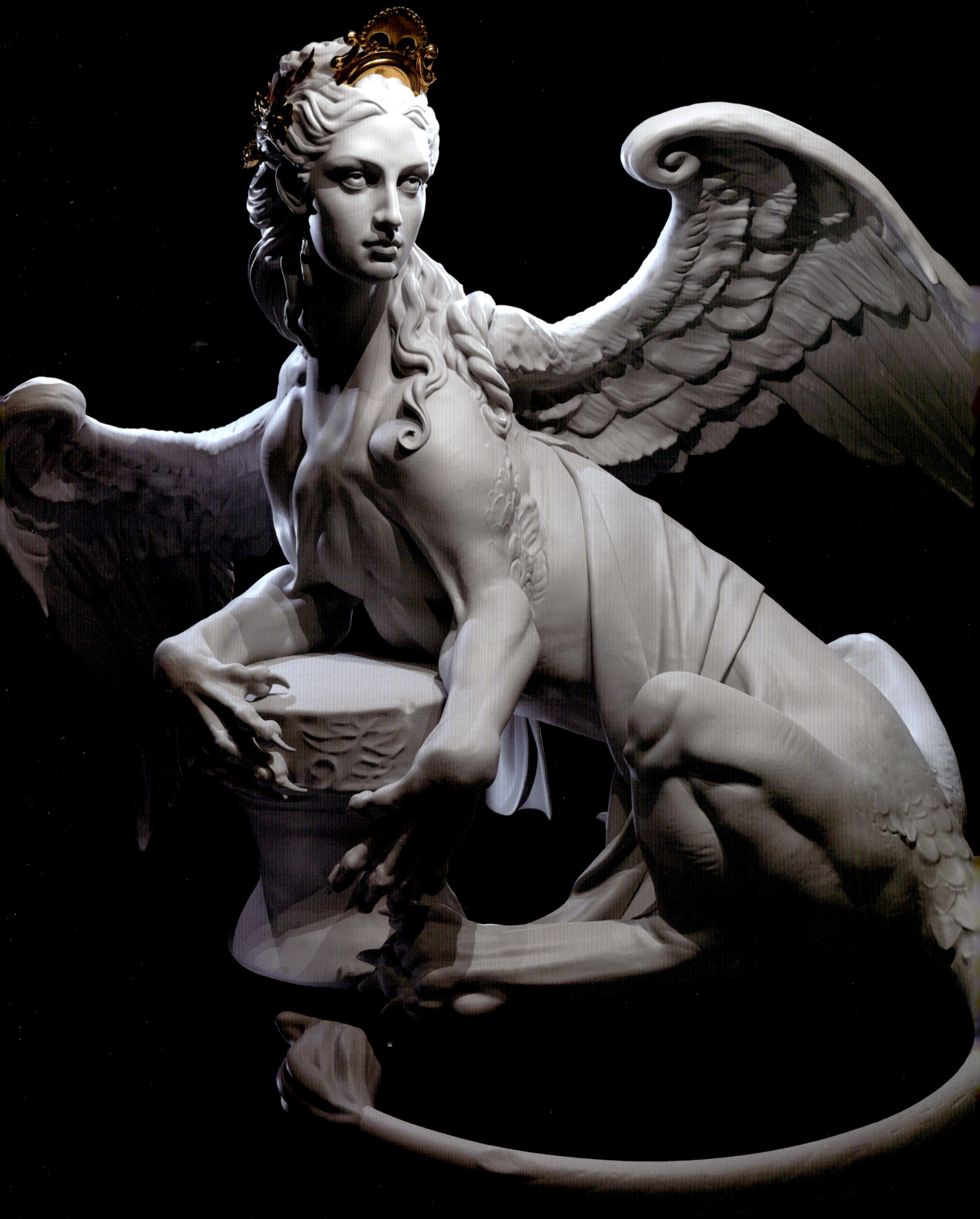

Sphinx
斯芬克斯

作者：Natalia P. Gutiérrez

○ 高貴的象徵

○ 大型鳥類的翅膀

前肢的骨骼構造
介於人類的手和 ○
獸類的利爪之間

○ 覆羽

它表現出威嚴、尊貴與威脅，看上去如此優雅，但其實強大且危險

這個美麗的神話造物早已失去了它最寶貴的東西，現在它必須保護好自己周圍僅有的一切。它不再信任人類，在它野獸的外殼之下是難以被揣摩的意圖⋯⋯

- 89 -

獅鷲，Wenceslaus Hollar，17 世紀

Griffin
獅鷲

偶爾和斯芬克斯以成對形式在雕刻或塑像藝術中出現的獅鷲，同樣是聖所和墳墓的守衛，不過這只是它的幾項職能中比較大材小用的一種。作為合成獸，獅鷲生有百獸之王獅子的強健下肢 —— 有時是四肢再加上群鳥之英老鷹的頭身 —— 大多數時候當然包括那對壯麗的翅膀。它同時也在能力上繼承了二者的特質，兼具力量、敏捷、智慧與威嚴，幾乎是動物中最高貴者，已知能令它屈尊為用的只有神與真正的人類英雄。另外，世人相信獅鷲擁有與鷹相同的品格，即一生之中只認定一位伴侶，哪怕伴侶不幸死去。這使得人們也將它們視為婚姻忠誠的象徵。古波斯和古埃及很早就出現獅與鷹結合形式的動物，類似的形象以雕刻或繪畫等藝術表現方式妝點在他們的建築和物品上。古希臘的獅鷲為宙斯與太陽神阿波羅驅馳戰車，也為追蹤罪人的復仇女神涅墨西斯服務，因此成為光明與公義的化身。在隨後的中世紀乃至晚近歐洲皇室及貴族的紋章中，獅鷲亦以後肢站立、前爪握曲的兇猛姿態頻頻亮相，展示出所代表的群體之英勇無畏。想要總結獅鷲的動物特質是困難的，它們的精神價值顯然總是高於故事。儘管沒有留下多少情節精彩紛呈的事蹟，獅鷲依然作為一種傳奇動物流轉在幻想世界的一隅，並且永恆地凝固成高尚的符號。沒有人質疑它的危險性，但比起恐懼，獅鷲的存在似乎更是令人敬畏，抑或不可思議地讓人安心。

亞歷山大大帝的獅鷲紋章（左上），另外兩個雙頭鷹和獅子圖樣的紋章分別屬於尤利烏斯・凱撒和特洛伊的赫克托爾；阿爾布雷希特六世公爵的紋章書籍，1459

傳說亞歷山大大帝在他偉大的征途路程中捕獲過兩隻獅鷲。獅鷲是非常驕傲的動物，不會輕易服從於人。大帝將兩隻獅鷲用鎖鏈拴在他的王座上，最終馴服了其中一隻。它允許他騎到自己的背上，帶他在他的王國上空飛了七天。據一些描繪亞歷山大大帝冒險的作品所稱，獅鷲始終是這位傳奇英雄親密的護衛隊內極可靠的成員。

獅鷲，上方是一隻徐狸；中世紀某動物圖鑑插圖，1250—1260

「這很古怪。」《愛麗絲夢遊仙境》插圖，Arthur Rackham，1907

這隻獅鷲和一隻長著牛頭的假海龜（Mock Turtle）廝混在一塊兒，聽愛麗絲講述她掉進兔子洞以來的歷險過程。

獅鷲被一些民族視為財產和無價之寶的守護者。最早將獅鷲帶進歐洲文獻紀錄中的希羅多德提到，生活在歐洲東部到中亞一帶的斯基泰人部落流傳有獅鷲守護著阿爾泰山金礦的傳說——這些「嗜血的獅鷲」會將每一個靠近金山的人都「撕成碎片」，酷似西方的龍。富有詩意的老普林尼聲稱獅鷲會在滿是金塊的巢穴中產卵。另一個說法是，獅鷲會像鷹那樣自行搭築巢穴，生下的是瑪瑙質地的蛋。

獅鷲,《兒童畫冊》插圖,Friedrich Justin Bertuch,1806

貝緹麗彩與但丁,William Blake,1824—1827

洛可可風格的花園石貝裝飾柱上的一隻獅鷲,Alexis Peyrotte,1745

獅鷲與它的騎士（Initial S: A Griffin and Rider），13世紀

獅鷲手稿，不過它看似馬蹄的後腿讓它更像是一隻駿鷹；Martin Schongauer，1485

騎士遭遇了一隻獅鷲，《羅切斯特動物寓言集》插圖，13世紀

居住在傳說中北風之神的洞穴與世界極北之地之間的裡菲恩群山上（北歐）的獨眼種族阿里瑪斯波伊人意圖竊取獅鷲守護的黃金，這導致了二者之間曠日持久的戰爭。阿里瑪斯波伊人是牧馬的民族，軍隊都是驍勇的騎兵，他們乘著戰馬追擊獅鷲，因此獅鷲和馬也成了宿敵。大多數時候馬肉都是獅鷲最渴望的珍饈。但柔情的是，世上存在著一種極其稀罕的、獅鷲與馬結合而誕生的動物——駿鷹。它們有著獅子的前肢和馬的後肢，背生雙翅，頭部依然是鷹的形象。人們願意相信，駿鷹是純粹的愛的產物，鑒於它的雙親本該是由始至終相互敵對的敵人。

魯傑爾拯救安琪莉卡，Jean-Auguste-Dominique Ingres，1819

駿鷹（Hippogriff）

熟悉《龍與地下城》或神奇動物宇宙的人一定會記得駿鷹——它也被煩瑣地稱呼為鷹馬獸，擅長遠距離飛行，性情高傲，一旦認准了一位所有者，就會畢生為其效忠。這樣的個性顯然來自父母雙方共有的優點。在文藝復興時期阿里奧斯托的仿中世紀風格史詩《瘋狂的奧蘭多》中，騎士魯傑羅被一位非洲巫師撫養長大，並繼承了巫師的駿鷹，這匹忠誠的座駕為他後來拯救被海妖抓走的契丹公主安琪莉卡時提供了幫助。

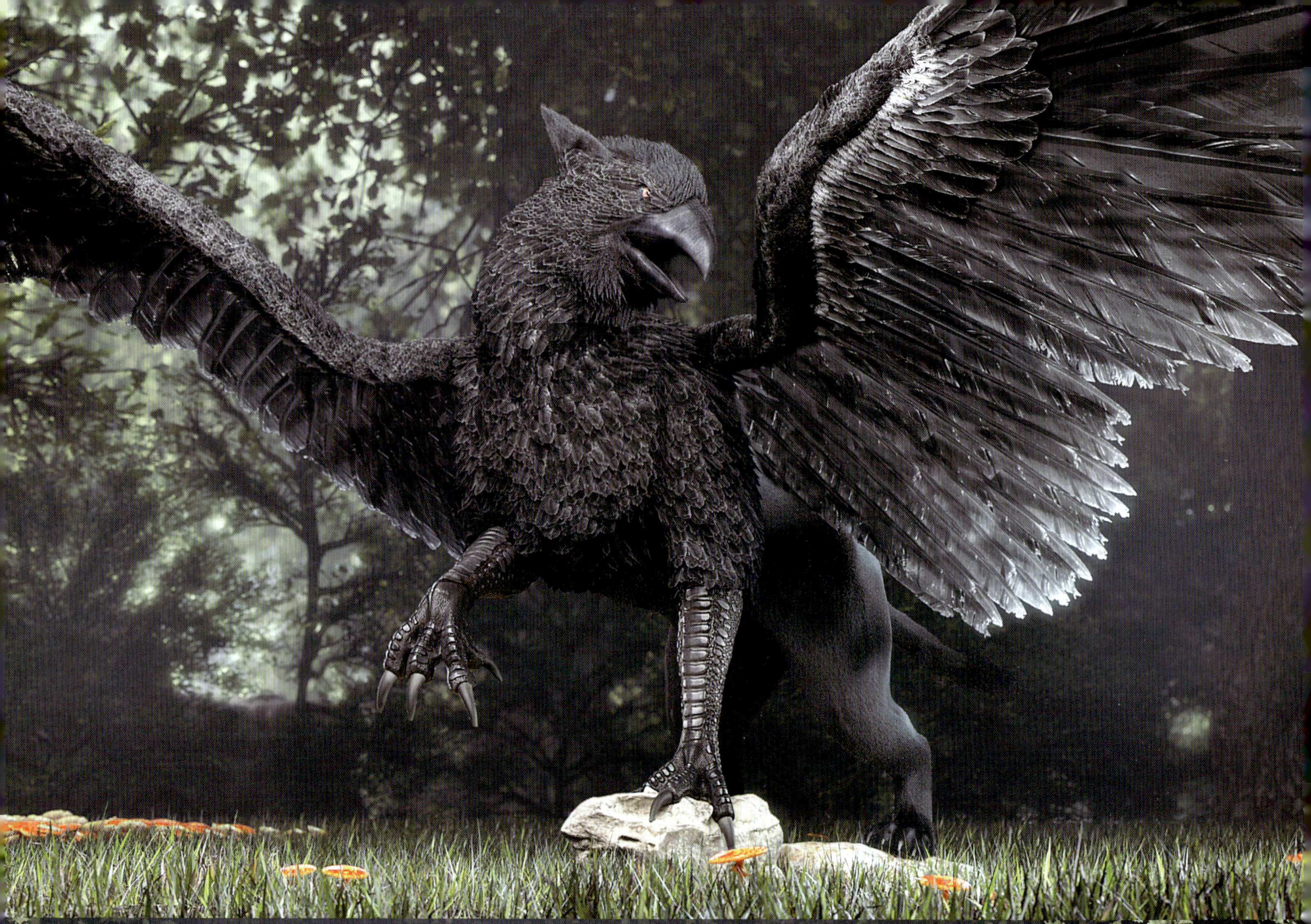
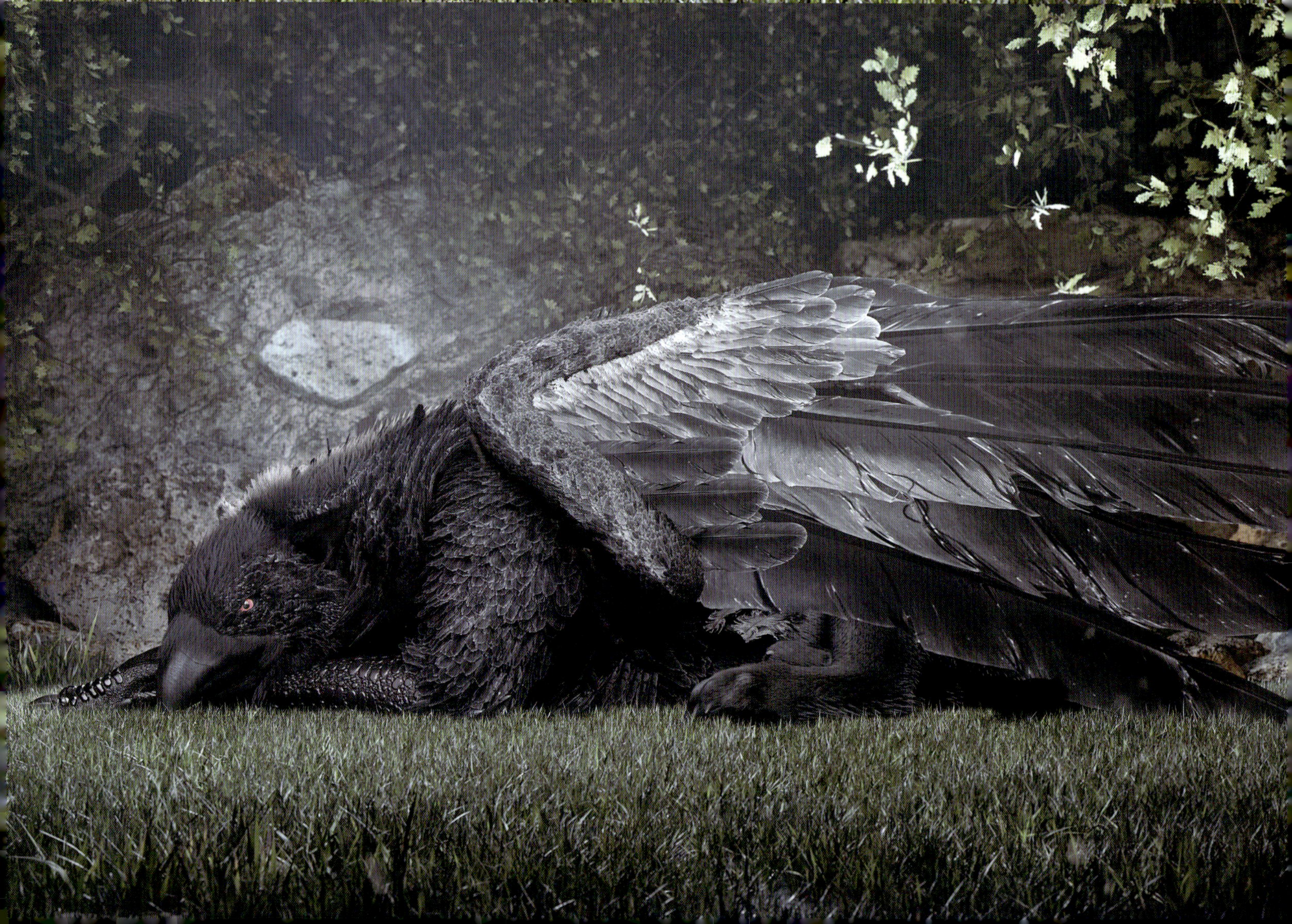

Black Gryphon
黑獅鷲

作者：Philipp Teichrieb

獅子的耳朵

巨大而有力的翅膀，揮動時會帶來強風

半身覆蓋羽毛

鳥類的鋒利爪子，可以從高空瞄準獵物後高速進行抓捕

側臥圖

傳奇中的生物獅鷲通常被記錄成獅與鷹的混血兒，這隻特別的黑獅鷲則是一個變種。
它擁有獅子的身體、尾巴和後腿，卻長著烏鴉的翅膀和頭顱，因此它的羽毛和皮毛都是黑色的。

- 97 -

貴婦人和獨角獸（*The Lady and the Unicorn*），Luca Longhi，16 世紀；這位畫中的美人可能是 Giulia Farnese，教皇亞歷山大六世的情婦

Unicorn
獨角獸

緣何獨角獸的故事總是伴隨一點憂鬱？是它超凡的優美忍不住令人產生關於脆弱的聯想嗎？還是那根稀奇的角、那身柔亮的毛髮、那通體流貫的珍貴血液，必然招致懷璧其罪的禍端？最早的獨角獸還遠非奇貨可居的存在，它們被描述成比較奇特的驢或馬，行蹤不定，強壯而且速度驚人，性情稱得上是剛猛無畏的，會與包圍它們的獵手殊死一搏。當時獨角獸神祕的治癒能力已經形成玄說流傳開來，人們認為獨角獸的角有解毒之效，將它們製成酒杯，從這杯中喝下酒的人就能夠身體康健，甚至對毒藥都能免疫。《哈利波特》裡的佛地魔在復健初期也透過飲用獨角獸的血來恢復體力。獨角獸與同樣珍稀、美好的彩虹在維多利亞時代的浪漫想像中被聯繫到一起。而近晚，以彩虹為標誌的同志群體也會高調地亮出獨角獸的標誌來昭示自己的身分。當然我們不得不承認，現今真正能夠擁有獨角獸的群體必然還是孩子們——願那些五顏六色的彩虹小馬，永遠是他們的童年中最美妙的幻想之一。

晚近捷克畫家 Artuš Scheiner 為童話書籍創作的插圖。這個獨角獸可以看出牛或貘之類的有蹄類動物的影子

儘管沒有在他們的神話裡留下身影，類似獨角獸的生物最初確實被記載於一位名為克特西亞斯的希臘人撰著的地域風俗書籍《印度紀聞》（Indica）當中。那種生物遠沒有現代印象那麼仙風道骨，在印度被當成一種比馬更大的野驢，生著白色的身體、暗紅色的頭顱和藍色的眼睛，額中央的獨角長達45公分，從底部到尖端分別呈現純白、黑色和緋紅色。這樣的描述後來或批判性或大同小異地出現在亞里斯多德和一些羅馬學者的記敘中。根據凱薩大帝的證言，一隻鹿形的獨角動物也被發現過出沒於德國的森林裡。老普林尼在《博物志》中首次命名了「獨角獸（monocerous）」，但這一名字所對應的生物長著很像大象的腿和類似熊的尾巴，很容易讓人聯想到犀牛。

幾種不同類型的獨角獸，《自然史》（Historiae Naturalis）插圖，John Jonston，17世紀

- 100 -

獨角獸，《兒童畫冊》插圖，Friedrich Justin Bertuch，1806

獨角獸，《四足獸的歷史》（*The Historie of Fovre-Footed Beastes*）插圖，Edward Topsell

誘捕獨角獸,《羅切斯特動物寓言集》(Rochester Bestiary), 1230

獨角獸剛烈的性格讓捕捉它這件事變得十分棘手,但它的弱點是憧憬貞潔的少女。中世紀的捕獵行動時常讓一位處女作為誘餌,當獨角獸接近她們並放下防備、枕臥於她們膝頭時,附近埋伏的獵人就能輕鬆將它捕獲。

普洛克利斯和獨角獸(Procris and the Unicorn), Bernardino Luini, 1520—1522

據奧維德《變形記》,普洛克利斯是一個被丈夫誤殺的女性。她聽見丈夫呼喚「奧拉」,懷疑丈夫在外另有情人,於是在他出門打獵時跟隨他來到山林中。她看見丈夫躺在草地上乘涼,微風吹拂過他的胸口,他大喊「奧拉」,普洛克利斯反應過來這是西風女神的名字,她誤會了她的丈夫。她出於喜悅從藏身處跳出來,然而丈夫卻以為是突然發動襲擊的野獸,放箭射死了她。畫作中這頭突然出現在普洛克利斯面前的獨角獸,或許是在哀婉她的天真和即將面臨的悲劇。

系列主題掛毯《獨角獸狩獵》其中一幅,捕獲的獨角獸被囚禁在貴族花園裡, 1495—1505

活獵獨角獸似乎是中世紀貴族的遊戲。這神奇美麗的生物如今已銷聲匿跡,理應歸咎於人類從前的貪婪嗎?可我們絕非第一次見證這樣的歷史。

獨角獸今日的正名(unicorn)經過從希伯來文到希臘語的傳譯進入英文《聖經》,後者也成為這種形象珍奇的生物實際存在的依據。由於那根角擁有非凡的清潔之力,獨角獸會用它為其他的動物淨化水源,這一姿態完全符合基督教關於慈悲與救助的取向,在神學鼎盛的中世紀,獨角獸可以象徵純潔、

- 102 -

獨角獸為百獸淨化水源，Jean Duvet，1555—1561

格林童話《勇敢的小裁縫》插圖，Carl Offterdinger
在童話裡我們難得見到了充滿生機和野性的獨角獸，主人公巧妙地利用樹幹卡住它的角，並捕獲了它。

善美、高尚等一切美德。而獨角獸的角被相信可以帶來長壽與永生，在市面上以高昂的價格被出售。事實上，鑒於它們可想而知的總數，這些角大多都是用獨角鯨的角或象牙贗造的。當時的貴族對於獨角獸如此趨之若鶩，以至於他們終於探究出了捕捉它的奧秘——這種方法幾乎不費吹灰之力，而只需借助一位年輕的處女。

渾身純白、額中央長著一根獨角的獨角獸形象是中世紀以及文藝復興時期的藝術作品為我們建立起來的。它的英俊、勇猛與溫柔也和彼時崇尚的騎士精神相合。這讓獨角獸在歐洲的紋章設計系統中佔據一席之地，並一直延續到今日聯合王國的皇室袖章中——它的形象代表蘇格蘭，意思是強大、英勇、天真與驕傲。

愛情、貞潔與死亡的勝利（*Triumphs of Love, Chastity, and Death*），局部，Francesco Pesellino，1450
兩頭象徵貞潔的獨角獸載著一名少女，少女身邊是被俘虜的愛神丘比特。
畫作主題取材自佩脫拉克的詩歌，其寓意不言自明：節制戰勝了愛欲。

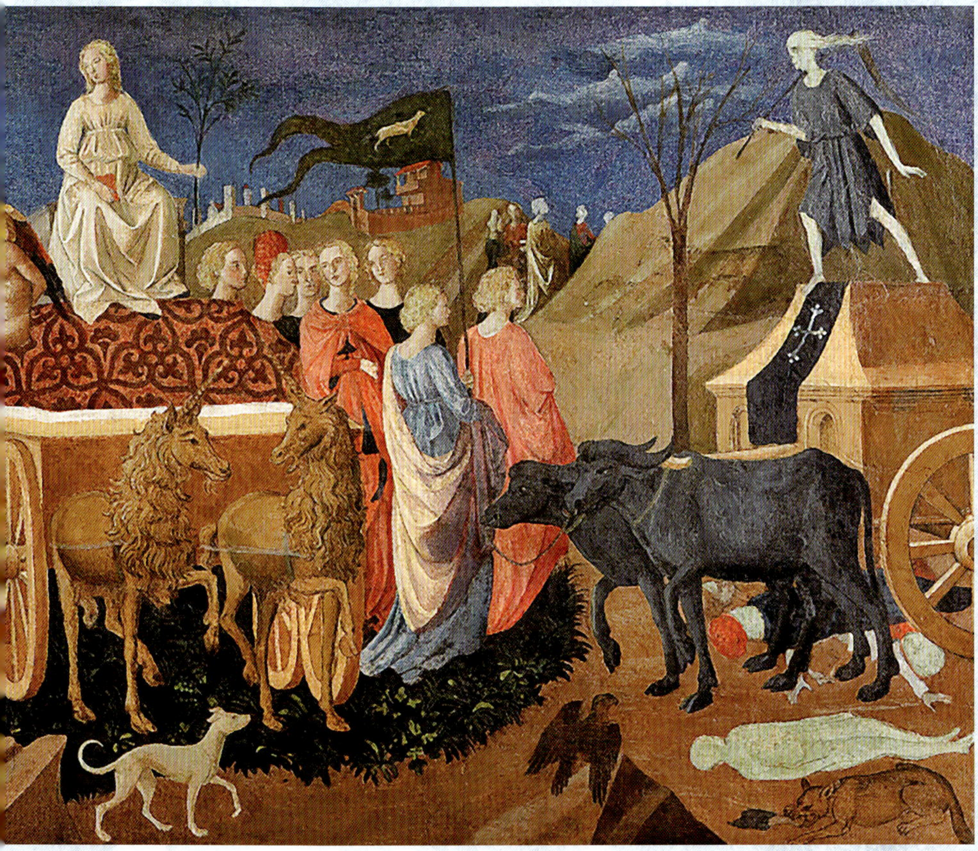

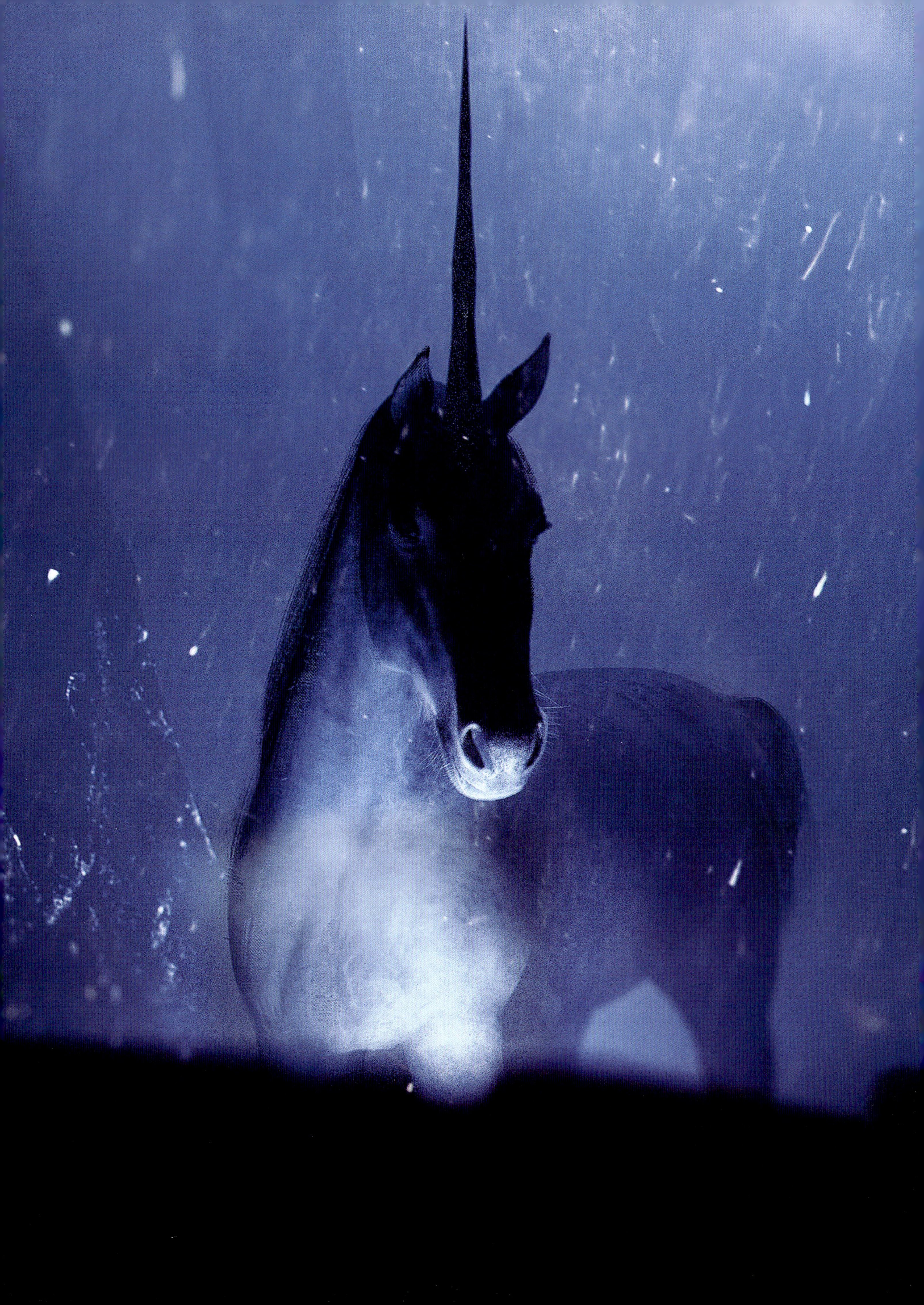

Last Unicorn
最後的獨角獸
作者：Oksana Dobrovolska

○⋯⋯⋯⋯⋯ 最獨特之處，也是招致災禍的根源

○⋯⋯⋯⋯⋯ 覆羽狀細鬃

○⋯⋯⋯⋯⋯ 柔軟的尾巴

優美的肌肉線條和有力的雙蹄

幾個世紀以來，邪惡的妖怪持續獵殺獨角獸，以破壞世界上一切的純潔和美好。
幾乎所有的獨角獸都橫死於這場災禍，唯有這一隻遊蕩在傳說中的冰霜森林裡，或許是這一神話物種復興的最後希望。
傳聞說還有另一隻獨角獸曾被目擊出沒在接近月亮的村莊周圍，但誰知道呢，人的眼睛總是如此不真實⋯⋯

貝勒羅豐準備迎戰奇美拉（*Bellerophon is sent to the campaign against the Chimera*），Alexander Andreyevich Ivanov，1829

Pegasus
天馬

駿馬當中供人類騎乘的佼佼者已經風騷無四：有的可強躍渡河、有的能日行千里、有的救主於生死之危、有的擅於辨認有罪的靈魂⋯⋯那麼，神或者近神的大英雄騎的馬又會有什麼靈通？至少也得長對翅膀吧？於是通體純白、似自帶聖光的有翼偶蹄獸——天馬，就這麼應運而生，也算正中了人們樸素的期許。希臘毋庸置疑擁有對這種生物的專利，或者嚴謹一點，稱之為命名權。因為現在我們所謂的天馬最初並非一個龐大的種族，而是專指希臘神話中那匹從蛇髮女妖梅杜莎被砍下的頭顱斷面裡誕生的怪物——佩加索斯。有理由相信它的尊貴、靈性乃至有些殘酷的一面都在這種形式中有跡可循：智慧與戰爭女神雅典娜也是從宙斯的天靈蓋中降生於世的。如果把範圍擴大一些，出身非凡、淩空如履平地、幫助神或半神創下輝煌功績的馬似乎都能躋身天馬的行列，和地面上的凡俗之筆形成字面意義上的天壤之別。但不管能不能飛，馬總歸是馬，還是人們心目中可親可敬、任勞任怨的好僕從，想要一躍成為故事的主人公——那當然任重而道遠了。

正兒八經的天馬佩加索斯和它的兄弟——巨人克律薩俄耳一同產自母親梅杜莎的血液，它自降生起就生有雙翅，移動靠飛行，落地時馬蹄踩踏過的土地表面會湧出潛在的水源。飲下這泉水的人會獲得天賜的靈感，因此佩加索斯也被認為和文藝女神繆斯們結有深厚的友誼。雅典娜幫助英雄貝勒羅豐捕捉了佩加索斯，他也是天馬唯一一位正統意義上的凡間主人。佩加索斯在貝勒羅豐與會噴火的獅頭羊身蛇尾怪——奇美拉的決戰中發揮了關鍵作用，它承載著貝勒羅豐從高空制敵，使後者在這場戰鬥中佔據了優勢。神話在此幾乎顯示出嚴密的邏輯：奇美拉縫合了陸地上的一切，但終究沒有翅膀。

貝勒羅豐捕獲佩加索斯，《瑞典百科全書》插圖

貝勒羅豐依照雅典娜的指示，趁佩加索斯低頭飲泉水之際為它套上了韁繩，這匹天馬將為他與奇美拉的命定之戰提供強有力的協助，但不日就會變成他的死神。

貝勒羅豐騎著佩加索斯擊敗奇美拉，鑲嵌畫，公元前3世紀

佩加索斯摔落貝勒羅豐，Walter Crane，1892

儘管在戰場上生死與共，貝勒羅豐最初的行徑還是註定他的欺哄之於佩加索斯並非一場正當的征服。在貝勒羅豐自認為功績比天，可以飛登奧林帕斯山與眾神同席之時，佩加索斯從半空中將他摔落在地。而宙斯看中了這匹靈通的飛馬，將佩加索斯升上天空，化為天馬座。

貝勒羅豐與佩加索斯，拉比亞宮壁畫，Giovanni Battista Tiepolo

奧丁與斯雷普尼爾，出自18世紀的冰島手稿

《赫瓦拉爾薩迦》（*Hervarar Saga*）中有一則有趣的謎語：誰是這樣的一對？有十條腿、三隻眼睛，卻只有一條尾巴。——答案是騎著斯雷普尼爾的奧丁。奧丁曾用一隻眼睛向密米爾的泉水換取關於盧恩符文的奧秘，而斯雷普尼爾有八個馬蹄。

被引誘的斯瓦迪爾法利。洛基變成的母馬在不遠處；《埃達與薩迦中的北歐神話》插圖，Dorothy Hardy，1909

奧丁前往海拉掌管的地獄，《詩體埃達》插圖，W.G. Collingwood，1908
奧丁騎著斯雷普尼爾前往海拉的地獄，索回他不幸死亡的兒子——光明之神巴德爾，路上他掠過一條受傷的狗（這可能是地獄犬的一個形象），使他的內心有了不樣的預感。

雖然不能證明是否像佩加索斯那樣生有奇妙的兩翼，北歐倒是同樣存在一匹奇異的八足天馬——斯雷普尼爾。它是奧丁的坐騎，曾在許多詩歌和薩迦傳說中留下上天入地的記載。異常的八個馬蹄使它迅疾如飛，故得稱為世界上最好的馬。斯雷普尼爾的出身充滿極寒之地的浪漫色彩：彼時無名的霜巨人假扮工匠，帶著自己的馬匹斯瓦迪爾法利為諸神建築城牆，聲稱若城牆按時完工，他就要索取日、月與青春神芙蕾亞為報酬。斯瓦迪爾法利神力無敵，能托載巨石，是得力的工作助手。眼看承諾不得不兌現，諸神為了賴帳，便指使邪神洛基去騷擾工作，於是洛基化身一匹美麗的母馬勾引斯瓦迪爾法利，耽誤了工期。巨人因此發怒，暴露了身分，終被索爾錘殺。這次不齒的背諾或許是諸神墮落的開端，它指向了不遠的將來，諸神必迎來的黃昏與覆滅。不過在更近的將來裡，洛基懷胎八月，並生下了一匹灰色的小馬駒，這就是斯雷普尼爾。

《粉色童話》收錄篇《受愚弄的龍》插圖，1897

會飛的馬！童話故事當然不會放過這樣的夢幻生物。在《受愚弄的龍》中，天馬是一頭惡龍的收藏品。狡黠的男主人公前去馬廄騷擾這匹馬，被馬發出嘶鳴聲警告後，他迅速躲到馬的身後，惡龍聽到叫聲，以為寶貝被偷，趕過來看卻什麼事都沒發生。如此幾番，惡龍發了壞脾氣，不再來查看馬廄，最後男主人公順利盜走了這匹珍貴的飛馬。

馬頭魚尾獸，《怪物的歷史》插圖，1642

穆罕默德騎著布拉克，18世紀

馬頭魚尾獸（Hippocampus）

海上當然也有對馬力的需要，既然會飛的是天馬，那麼會游泳的──也可以叫「海馬」吧？馬頭魚尾獸就是這樣的物種，它們主要的職責是給希臘的海神波賽頓拉動馬車。或許是因為要適應海浪狀況的複雜性，它們的下半身已經完全是魚的形態，只有以頭部為主的部位看起來是陸地上的馬匹。馬頭魚尾獸和同樣名為特里頓的人魚族時常一起在海洋中出現。

布拉克（Buraq）

伊斯蘭教的神馬布拉克是專供先知騎乘的馬匹，它通常以人面馬身的形象出現，許多藝術作品將它的面容描繪得溫文莊嚴。布拉克曾載著先知穆罕默德於一夜之間往返麥加與耶路撒冷，顯現神跡「夜行登霄」。登霄節現在是伊斯蘭教重要的節日之一。

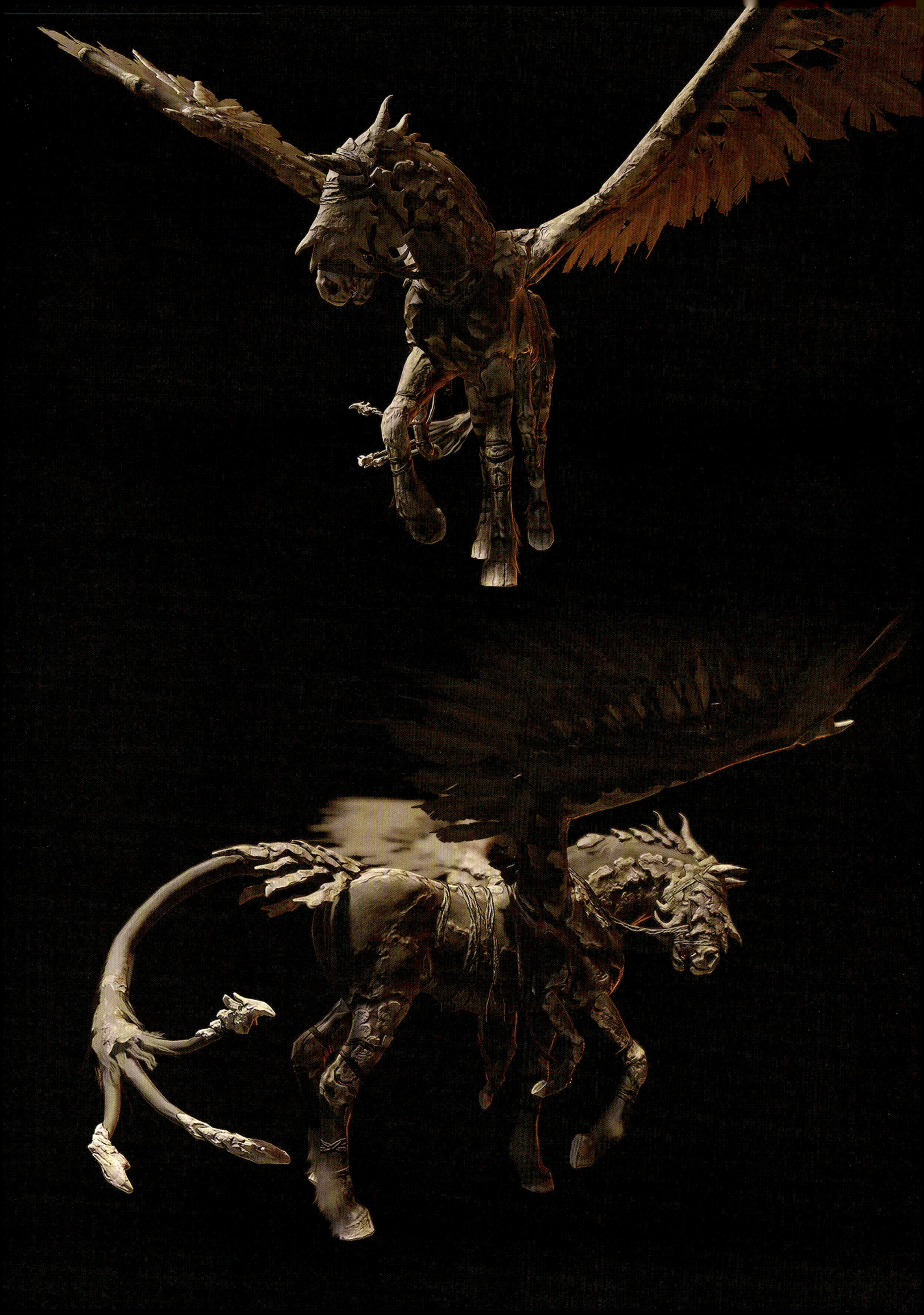

Ashen Pegasus
灰天馬
作者：Roy Gibbs

外骨骼包覆
形成盔甲

烏鴉羽毛

永久的疤痕和結痂的創口，
閃電煉就的合金將它們癒合

分叉成三股的尾巴尖

腋下新生的前肢，可能起到保
持平衡或控制飛行方向的作用

一場殘酷的騎兵戰鬥過後，一道閃電擊中了戰場上傷亡的戰馬，這一生物便從灰燼中絕地重生。雷擊的能量將亡馬的屍身和周圍食腐的烏鴉融合在一起，灰天馬是戰爭所帶來的憤怒之活生生血淋淋的象徵。它現在就在荒野中遊蕩，許多騎士企圖抓住並馴服它，但都失敗了。

海克力斯與克爾柏洛斯（*Hercules and Cerberus*），Peter Paul Rubens，1636

Hellhound
地獄犬

所有的狗狗都應該去往天堂——不過地獄犬沒有。這條與死亡有著直接聯繫的大狗徘徊在人世和往生世界的邊際，通體漆黑，犬相兇惡，嘴巴散發臭氣，眼睛裡冒著血似的紅光。地獄犬理所當然地掌握噴火的技能，畢竟它們來自煎熬惡人的煉獄。有時它們以全身籠罩黑色霧氣的形態在陽間現身，也會被誤認為是一團鬼火氤氳的幽靈。地獄犬是死神的信使，一次目擊就是預告，而不幸與地獄犬對視過三次的人將很快墜入死亡的深淵。優秀的地獄犬被指派看守冥府的大門，比如希臘的克爾柏洛斯，它是一條特別的三頭地獄犬，半人半蛇的堤豐和艾奇德娜的又一個怪物子嗣，不眠不休地遊蕩在冥河彼岸，不讓任何一個活人闖入，也不會讓任何一個死者溜走。出於對死亡的恐懼，人們容易對地獄犬抱有惡意的揣測，認為它們是造成意外死亡的原因。但更可能的情況反而是地獄犬會成為野外橫死之人生命中最後一刻的伴侶。它們帶領迷失的靈魂，邁向通往下一段旅程的道路——狗對人類的生活有多重要呢？直到終結之際，我們仍然需要它的指引。

克爾柏洛斯把守地獄的大門，《巴克萊通用詞典》配圖，1813

普賽克與克爾柏洛斯，Wilhelm von Kaulbach，19 世紀

另一位前往冥府拯救伴侶的無畏者普賽克，她是小愛神厄洛斯（我們更熟悉他的羅馬名字：丘比特）的妻子。她使用放入催眠草藥的餅以避開克爾柏洛斯。另外一種說法是，克爾柏洛斯的三個頭為了搶食她投餵的唯一一塊餅，自己和自己撕咬在一起。

身處冥府的奧菲斯。冥王黑帝斯與冥后波瑟芬妮正傾聽他的訴求，而克爾柏洛斯正在冥王腳下沉睡；François Perrier，1645

像每隻忠實的狗一樣，身為地獄看門犬的克爾柏洛斯恪盡職守，若是尚有陽壽的人想要冒險進入冥界（其目的自然大多是要將已經死去的人帶回人間），非得先找個辦法將它哄睡了不可。事實上，這樣做過的人還不在少數，其中就有阿波羅與繆斯女神之一卡俄佩的兒子奧菲斯。奧菲斯繼承了父母的音樂天賦，掌握一手婉轉的豎琴，聽見他所奏旋律的生物都將為之沉醉。在愛妻歐律狄刻不幸身故之後，他闖進冥界，企圖將妻子復活，並用悲傷的樂曲打動了整個冥府。連嚴厲的克爾柏洛斯都在音樂之中放鬆警惕、陷入了酣睡。

邁錫尼王歐律斯透斯指派給海克力斯的最後一項任務，就是活捉克爾柏洛斯；Emmanuel Jean Nepomucene De Ghendt，18 世紀

HERCVLES CERBERVM TRICIPITEM AD SVPEROS PERTRAXIT·

海克力斯將克爾柏洛斯帶到陽間的地面上。這自然又是這位怪物剋星大英雄完成的十二項功績之一：Hans Sebald Beham，1545

地獄門口的三頭犬。但丁《神曲》插圖。William Blake

海拉和她的地獄犬加姆，1897

北歐的死神海拉也養了一條巨大的地獄犬——加姆，它被稱為獵犬中的獵犬。加姆通常渾身是血地出現，有說法認為奧丁在騎著八足天馬斯雷普尼爾趕去深淵冥界、追回其子光明之神巴德爾的亡靈時遇見的那條「受傷的狗」，指的正是加姆。加姆有時會與海拉的兄弟——魔狼芬里爾相提並論，或者被等同，二者都是體型巨大、嗜血兇殘的犬科動物，而加姆在諸神的黃昏時與芬里爾的宿敵——戰爭與勇氣之神提爾，雙雙決戰至死。黃昏之後，加姆在新神統治的世界裡重生，繼續自由奔跑，直到新的盡頭……

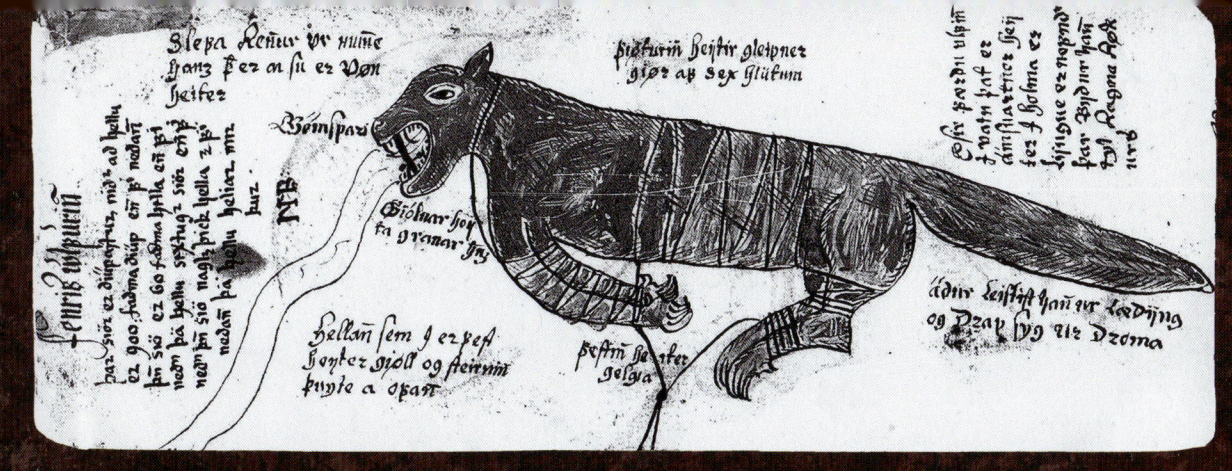

17世紀冰島手稿中被綁住的芬里爾

提爾與芬里爾（*Tyr and Fenrir*），John Bauer，1911

諸神假意提出要測驗芬里爾的強壯程度，哄騙它試著戴上矮人的鎖鏈，芬里爾顯然明白諸神的歹心，不肯乖乖被鎖鏈綁住。它提出一個要求，要一位神在它戴上鎖鏈的時候將手臂伸到它的嘴裡，結果只有無畏的戰爭與勇氣之神提爾敢做這件事。當鎖鏈在芬里爾的脖子上越收越緊，它意識到自己上當受騙，立刻咬斷了提爾的手臂。

芬里爾（fenrir）

芬里爾是女占卜者的預言中將毀滅世界的魔狼，它和海拉以及另一個恐怖的怪物——耶夢加得，均為邪神洛基與女巨人安爾伯達的子女。它自己也有兩個孩子，二人分別追逐載著著太陽與月亮的馬車，直到將日月吞噬。芬里爾則是奧丁的劫難，它將在諸神的黃昏吃掉奧丁，隨即被奧丁之子、新神的代表維達殺死。為了對抗毀滅的命運，奧丁在芬里爾幼年之際就用矮人們打造的魔法鎖鏈拴住了它。但它日復一日以可怕的速度成長，長大到可以吞下天與地，最終掙脫了鎖鏈，奔赴與諸神的戰場。

- 121 -

柯南・道爾《巴斯克維爾的獵犬》插圖・Sidney Paget・1901
這部福爾摩斯系列的著名長篇中，那隻會發光的巨大黑犬明顯借鏡了民間傳說裡的各類地獄犬為原型。

英格蘭的民間傳說中有不少在人間招搖時被不慎目擊的地獄犬，它們被冠上了各式各樣的名字，但主體型象非常統一——黑色的邪惡大狗。其中一隻被稱為「黑夏克（Black Shuck）」的黑犬曾在16世紀襲擊過英國東部布薩克郡的教堂，殺死了一名成年男子和一個男孩，並導致教堂穹頂坍塌，發生嚴重事故。另外有兩個在場者因在黑犬經過時碰到它的皮毛，而直接倒地死亡。然而僅僅從這起案件來定調黑夏克是不可取的，它同樣也有拯救強姦案中的受害女性以及幫助在夜路中迷失的人回家等事蹟。英格蘭北部則出沒著一種當地稱「犬魔（Barghest）」的黑犬，可能擁有變形或隱形的能力，人們只能聽見它走動時鎖鏈搖晃的聲音。它會出現在有聲望的人的葬禮上，背後跟著一串送葬似的犬隊，如果有人擋了它們的道，犬魔就會出爪傷人，被害者的胸口將留下永不癒合的傷痕。

亞歷山大大帝在冒險中與犬頭人交戰，Peniarth 481D 手稿，15 世紀

印度尼科巴群島上的犬頭人國度，Odoric of Pordenone《行紀》，1410—1412

Sebastian Münster《宇宙學》(*Cosmographia*) 的眾奇人插圖，從左至右分別是傘足人、獨目女、連體嬰、無頭人與犬頭人

犬頭人（Cynocephaly）

根據中世紀一些記載，犬頭人在當時的歐洲是貨真價實的存在，他的古典源頭應該追溯到埃及的死神——狼頭人身的阿努比斯，但作為典型的獸人種族，它也和「變態型」的人狼界線分明。犬頭人站在人類，至少是正統基督教徒的對立面，是文明之外的怪物。德國的主教詩人施派爾的沃爾特（Walter of Speyer）描繪殉道者聖克里斯多福曾是一個吃人肉並發出狗吠的犬頭人，直到在遇見幼年的耶穌後得到感化，才得以成為正派的聖人。神奇的《博物志》記錄了在印度的島嶼上生活的犬頭人部落，他們長著狗的腦袋，頭部以下為人形，說話則仍然是犬的語言，披著獸皮、用犬爪作戰。馬可·波羅的遊記裡同樣提到了這些生物，聲稱他們「種植香料」，但依然非常「野蠻」。

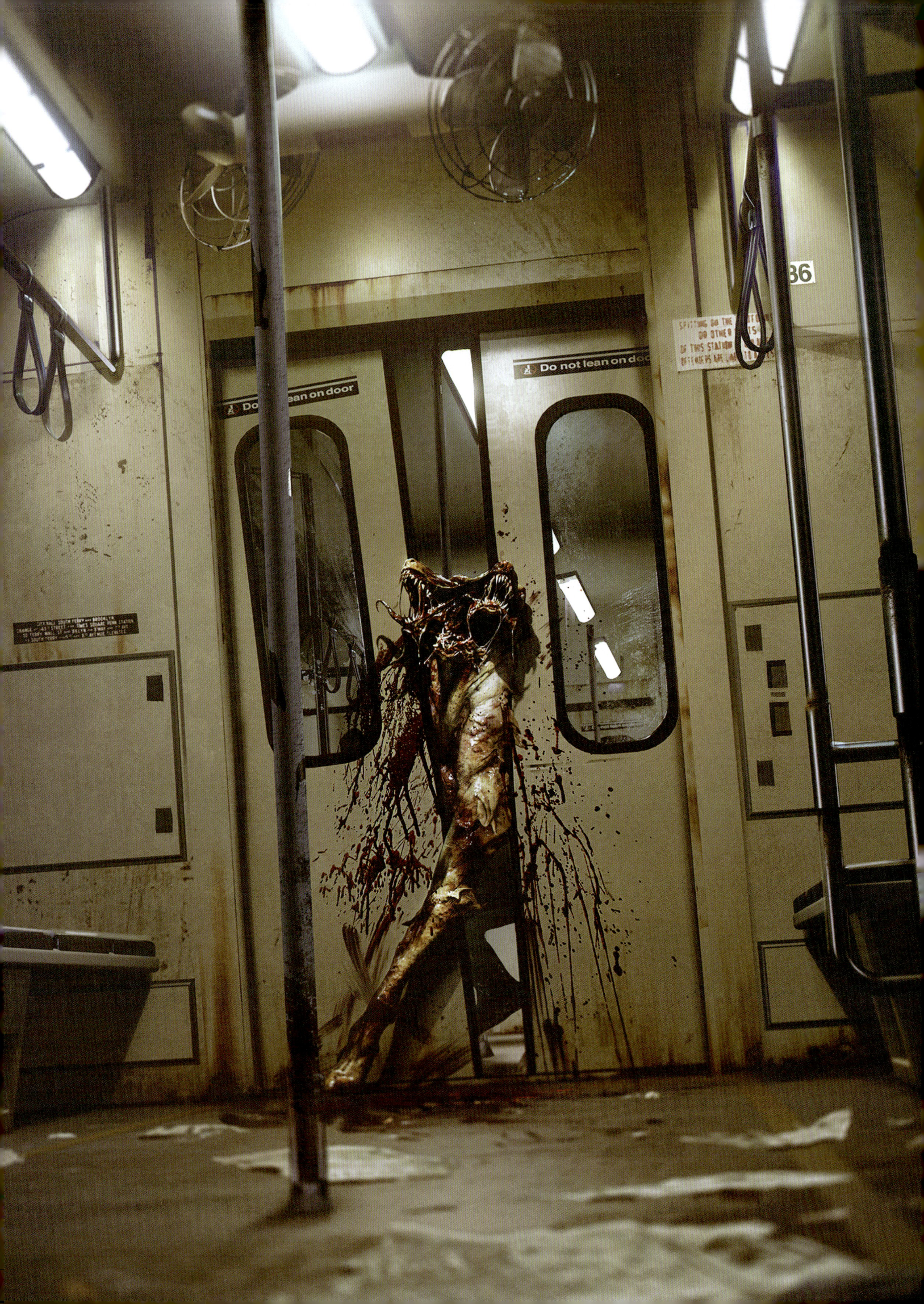
Do not lean on door

The Hellhound
地獄之犬

作者：Vladyslava Hladkova

- 多個正在分裂的腦袋
- 光滑無毛的外表，強烈的喪屍感
- 浮動的肌肉塊
- 血與膿液從這些開裂的傷口中滲出
- 這些外凸的骨刺將形成一層變異的外骨骼，使它更加兇猛，令人畏懼

午夜通勤回家時乘坐地鐵的焦慮即為現代的恐怖，彷彿有什麼來自異界的生靈正潛伏在那些黑暗的隧道中，等待被一個不幸的靈魂發現……就像《沉默之丘》系列遊戲，地獄犬正是徘徊在這種噩夢中的野獸。

穿長靴的貓,《鵝媽媽童話》配圖,1908

Cat Sith
貓妖精

高智商的貓妖精生活在蘇格蘭高地上。它們體型大如犬，通體渾黑，胸口有一塊白毛，平常故作普通家貓的模樣迷惑愚蠢的人類，其實必要時完全可以直立行走、口吐人言。貓妖精之中人才輩出，鼎鼎大名的那一隻曾穿著靴子覲見國王，一路過關斬將，成功幫助廢物主人迎娶公主、飛黃騰達，它的故事至今還在童話裡被人們廣為傳頌。一些精明的蘇格蘭人並不信任這種貓，認為它們會偷走死者的靈魂，方法是在下葬之前偷偷地掠過屍體。他們人道地利用遊戲、音樂或者貓薄荷將貓妖精誘離停屍的房間。誠然，蘇格蘭的貓妖精在人類對於貓的神祕想像中僅佔據冰山一角，從古埃及將貓屍製成神聖的木乃伊到中世紀歐洲對黑貓的深度恐懼，貓總是在特定的文明時期裡得到人類的推崇或厭惡。那陰晴不定的性格、輕盈迅疾的動作、令人著迷的魅力，都讓我們忍不住猜疑這是不是某種奇幻生物的特質。世界上為什麼有那麼多奇怪的貓？難不成貓本身就是一種機敏的小怪物，悄悄征服了人類世界，並且怡然自得地融入了我們的生活當中嗎？

穿長靴的貓，《鵝媽媽童話》配圖，Gustave Doré，1864

貓妖精的存在可能延續了某種傳統，即貓和女巫之間祕密的聯結性。蘇格蘭人認為貓妖精的本體是一個女巫，她可以變身為貓，但一生中只能進行九次——顯然與貓的九條命有關。這些貓女巫同時擁有祝福和詛咒的力量，當地的蓋爾人會於每年的薩溫節（類似萬聖節）在家門外擺放幾碟牛奶，對它們表示一下關懷，作為回報能得到幸運的祝福；而沒有這麼做的家庭則會遭到對等的報復，例如家裡的奶牛將被貓妖精操控而停止產奶。

另外一種出沒於凱爾特地區的巨貓比貓妖精更加殘暴，威爾士人叫它「凱茜．帕魯格」，即「帕魯格的貓」。它是一隻名叫赫尼文的白色母豬在黑色的岩石上所生下的黑貓，一出生就被扔進了蘭韋爾的大海，但它奇蹟般地穿越了米奈海峽（因此它被認為可能是某種水生動物），來到威爾士西北部的安格爾西島，並在這裡被帕魯格的兒子們養大。這隻巨型黑貓很快成為島上可怕的災難，當亞瑟王的義兄弟、同樣是圓桌騎士之一的凱爵士到達島上時，帕魯格的貓已經殺死了180名勇士。據說霸道的凱最終成功戰勝了這隻貓，也有紀錄稱它最後是被亞瑟王本人親手打敗的。一些中世紀的法國詩歌則樂於描繪帕魯格的貓是殺死亞瑟王的元兇，隨後它游泳到了英國，頂替了亞瑟成為不列顛之王——憤怒的英國人當然不承認這一點。值得一提的是，與亞瑟王之死實際上關係匪淺的摩根勒菲，恰好也是一名女巫。

新近時期故事痕跡明顯的北美民間傳說中存在許多稀奇詭譎的貓怪：

下圖從左到右：球尾貓、銀貓、仙人掌貓；Henry H. Tryon《可怕的生物》(*Fearsome Critters*)，Margaret R. Tryon

BALL-TAILED CAT

貓如其名，有一根極長的球狀尾巴，一般用來攻擊它的獵物。

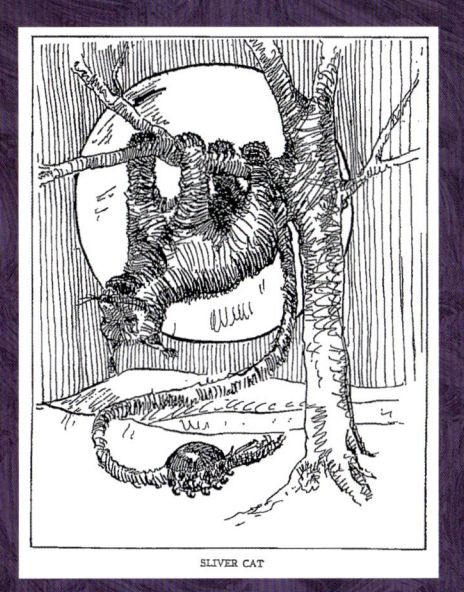

SLIVER CAT

貌似是球尾貓的變種，尾巴更鋒利、更恐怖，帶尖的球尾還可以起到抓取的作用。據說會襲擊過路的人類。

CACTUS CAT

生活在美國西南部的沙漠裡的一個古怪種類，渾身長滿了刺，帶刺的尾巴用來切砍仙人掌。會喝仙人掌的汁液解渴，喝完會變得醉醺醺的。

愛麗絲遇見柴郡貓，《愛麗絲夢遊仙境》插圖，John Tenniel，1865

任何看過《愛麗絲夢遊仙境》的人都不能忘記這隻奇怪的貓：它的尾巴、身體、頭可以在它說話的時候徐徐消失，只留下一張詭秘的嘴在那邊微笑。

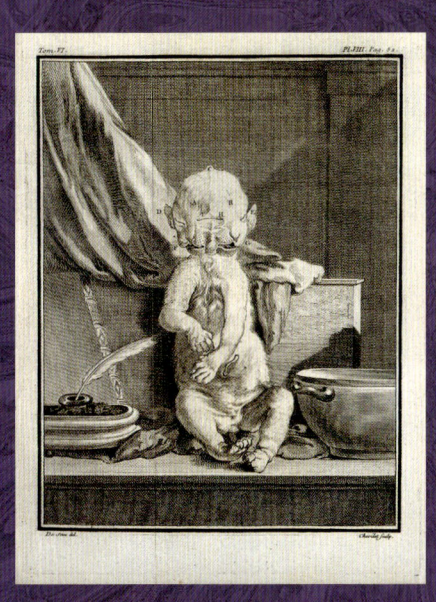

雙頭貓（*A cat born with two heads*），Jacques de Sève & Juste Chevillet，18 世紀

尤爾貓 (Yule Cat)

嚴寒沒能阻止這種巨大邪惡的貓怪徘徊在人類的村莊周圍，尋覓它的聖誕節晚餐。雖然吃人令它愉快，不過它和那些揀兒童果腹的食人怪物不一樣，有其特殊的口味。專門吃聖誕期間沒有穿上新衣服的人。是因為尤爾貓真的有進食的怪癖呢，還是說這樣可以激勵一下聖誕節前還沒有完成工作、買新衣服的工人們——反正貓是不會告訴我們答案的。

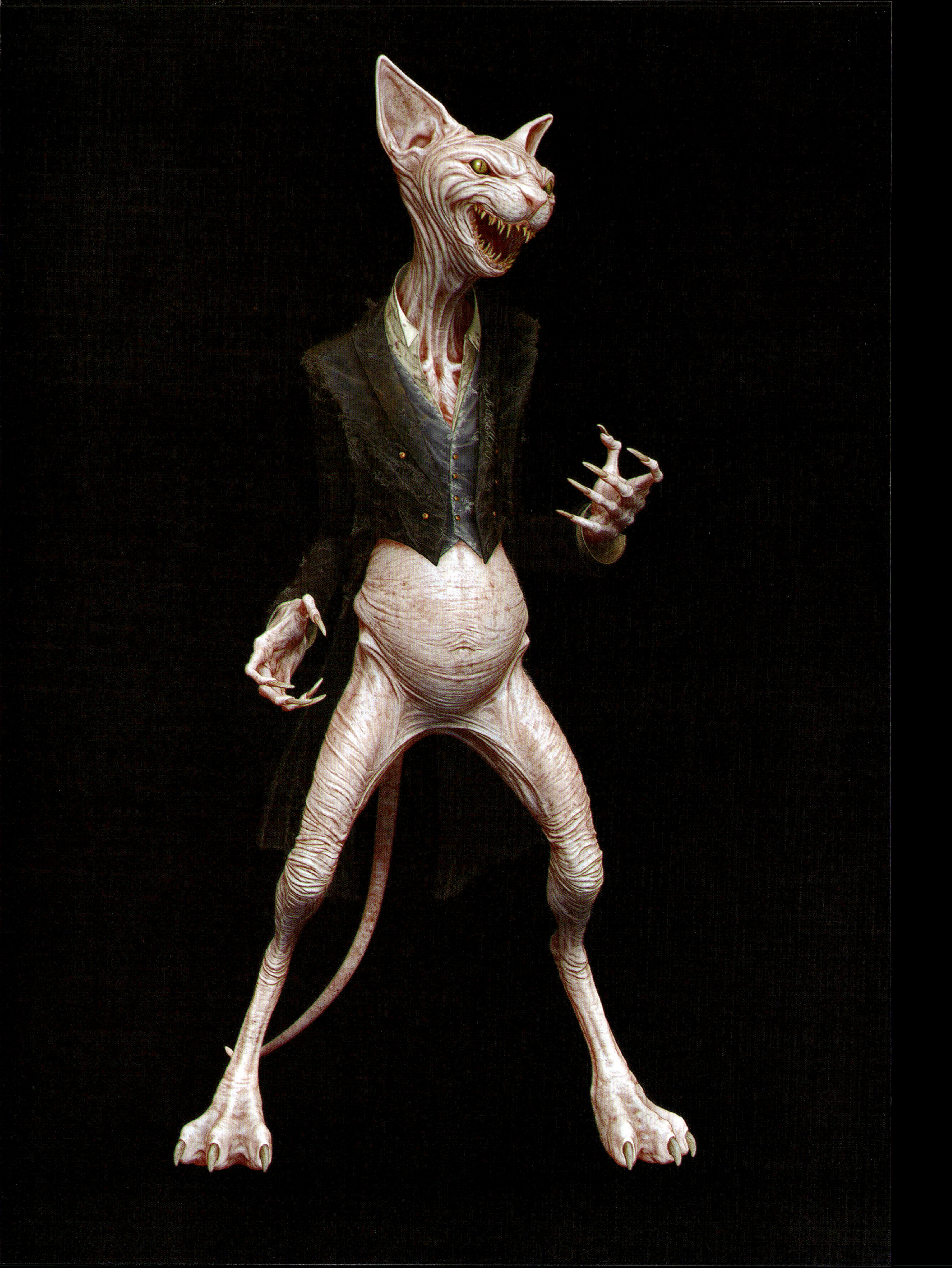

Deranged Dandy Cat
瘋狂的貓公子

作者：Habib Kassassir

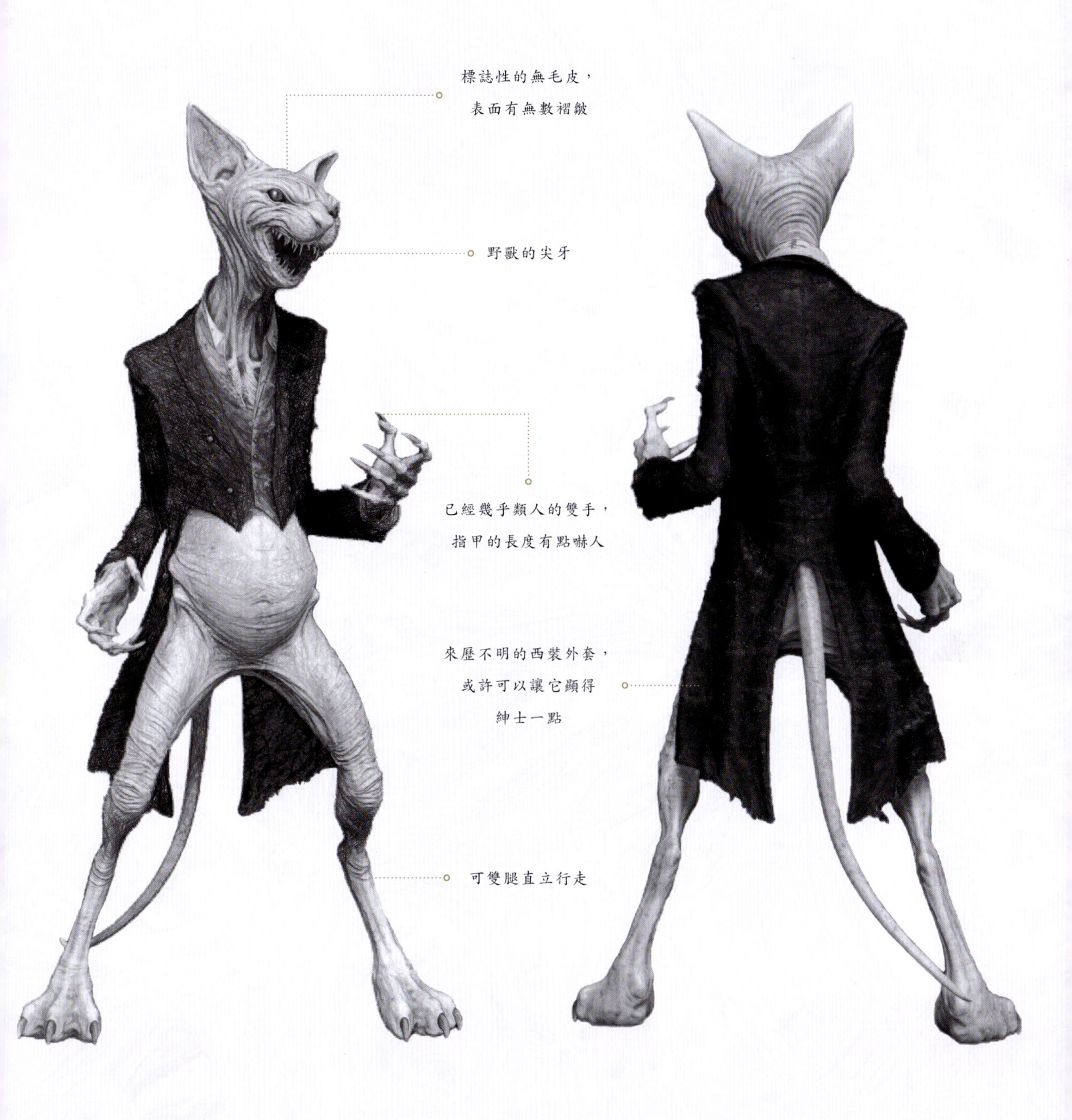

標誌性的無毛皮，表面有無數褶皺

野獸的尖牙

已經幾乎類人的雙手，指甲的長度有點嚇人

來歷不明的西裝外套，或許可以讓它顯得紳士一點

可雙腿直立行走

一隻基於無毛的斯芬克斯貓衍生而來的幻想貓妖精。它的裝束文質彬彬，內裡卻是瘋狂的靈魂。

不死鳥,《阿伯丁動物寓言集》(*Aberdeen Bestiary*) 插圖,12 世紀

Phoenix
不死鳥

正如它的名字那樣，不死鳥在人類有限的歷史當中存活了極長的時間。古埃及人將這種鳥與他們的太陽神比肩，稱頌它的光明、不朽，以及從烈火中死而復生的奇跡之力。希臘人讚賞不死鳥的歌喉。當它歌唱時，太陽與音樂的神阿波羅都要停下戰車聆聽它的歌聲。波斯人更認同它為人類帶來幸運和財富，無上的祝福將降臨在被不死鳥投下的影子籠罩過的人身上。人們相信不死鳥能夠預知自己的死期，當壽限將近，它會用樹枝和香料為自己搭好往生的巢，隨後放一把火點燃，跳進火中，將衰老的身軀燃盡。然後一隻新的不死鳥會從燃燒後的灰燼裡重生，獲得新的五百年以上的壽命。據說不死鳥會在和平繁盛的國度降生，並在這份和平終結之際走向死亡，它生命的更迭本身就是文明的興衰。任何一個時期僅有一隻不死鳥活在世界上。不死鳥所象徵的永恆實在過於迷人，好像沒有人特別在乎它到底怎麼生活、吃什麼、住哪裡，性格又如何。而它的存在如此罕有，使得人們目擊它的機會都十分稀缺，遑論認識和觀察⋯⋯倒是有則謠言煞有介事（據一些17世紀文藝復興的文學作品）：不死鳥的肉可以做成最珍貴的美食，其原因顯而易見──一輩子也就只能吃那麼一次。

古埃及的不死鳥被稱為貝努（Bennu），體型如鷹，羽毛呈明亮的紅色與金色，會發出悠長悅耳的鳴叫。新生後，它會把前一隻不死鳥燒成的灰燼塞進一枚沒藥樹製成的蛋裡，再叼著這枚蛋飛到埃及的太陽城Heliopolis，並把它放在太陽神廟的祭壇上。與不滅的太陽類似，羅馬人則將不死鳥視作不朽的羅馬帝國，將它的形象鑄在帝國晚期的貨幣上。臭名昭著的羅馬皇帝埃拉伽巴路斯曾派人捕捉不死鳥，按照他的理論，人類只要吃掉不死鳥的肉就能長生不老。很自然，領這份差事的人沒法找到真正的不死鳥，就抓來了一隻天堂鳥做成菜餚，哄騙皇帝當成不死鳥吃了下去。埃拉伽巴路斯在19歲被謀殺身亡。

從灰燼中重生的不死鳥，《阿伯丁動物寓言集》插圖，12世紀

不死鳥採摘香料植物，在火堆中等待重生；《動物寓言集》，13世紀

東方的百鳥之王鳳凰有時會與不死鳥混同，雖然前者並沒有浴火重生的傳統，甚至不一定理所當然地那麼長壽。圖為南京博物館的藏品上刺繡的鳳凰圖樣

- 134 -

神學興盛的中世紀，基督教官方相當認同不死鳥的精神實質，因為它作為生物佐證了復活的可能性，也就是印證了耶穌的重生。12世紀英國的《阿伯丁動物寓言集》聲稱不死鳥是高尚可敬的，它代表正義之人將依憑自己生前的美德（對應的是築巢的樹枝與香料）重獲新生；在這裡，不死鳥被當作殉難的榜樣得到推崇。另一個相位上的惡魔學則是將不死鳥魔化，載為所羅門王的七十二魔神之一，稱作「菲尼克斯」（Phenex），擁有可以蠱惑人心的童稚嗓音，同時傳授奇學。性情溫順，似乎是很容易被咒法師（契約者）操縱的類型。

不死鳥和它的毀滅，佩脫拉克 323 合組歌場景配圖，Marcus Gheeraerts the Elder

佩脫拉克的願景，插圖，16世紀40年代

火鳥的故事，插圖，Ivan Bilibin

火鳥（firebird）

如同其名，斯拉夫民俗傳說中的火鳥渾身裹著金黃紅亮的羽毛，就像一團飄浮在空中的巨大火焰。它的羽毛就算離身掉落，依然會散發足以照耀廳堂的光芒，因此被視為珍稀。有幸得到過一根火鳥羽毛的人可能將會盡一生去探尋火鳥的全貌。在童話裡，通常是一個貪婪的國王派遣他的兒子們或一位英雄前往冒險，而被帶回的火鳥等同於一種戰利品。沒有證據說火鳥一定是對人類友善的，儘管它的美麗呈現出本質高尚的感覺，貿然捕獲它的人有可能遭遇厄運。它有時賜福，為勇者提供可以打倒強敵的魔法力量。俄羅斯相當有名的傳奇英雄伊凡·察列維奇曾在狩獵時活捉一隻火鳥，為感謝他沒有殺死自己，火鳥給了他一根羽毛，他可以憑此尋求它的幫助。

《一千零一夜》插圖,Charles Maurice Detmold

大鵬 (Roc)

這種大型鳥類準確來說生活在中東乃至遠東地帶,是馬可・波羅透過他的遊記將它的存在帶進歐洲本土的視野 —— 他描述大鵬完全是一隻巨大的鷹,可以憑鳥爪抓起一頭大象飛到空中再砸落,把大象摔成碎片,最後將屍塊慢慢吃掉。這隻鵬在《一千零一夜》中襲擊過航海家辛巴達的船隊,也出現在麥哲倫的船員關於環球航行的紀錄裡,後者聲稱它的故鄉是中國的海洋。

- 137 -

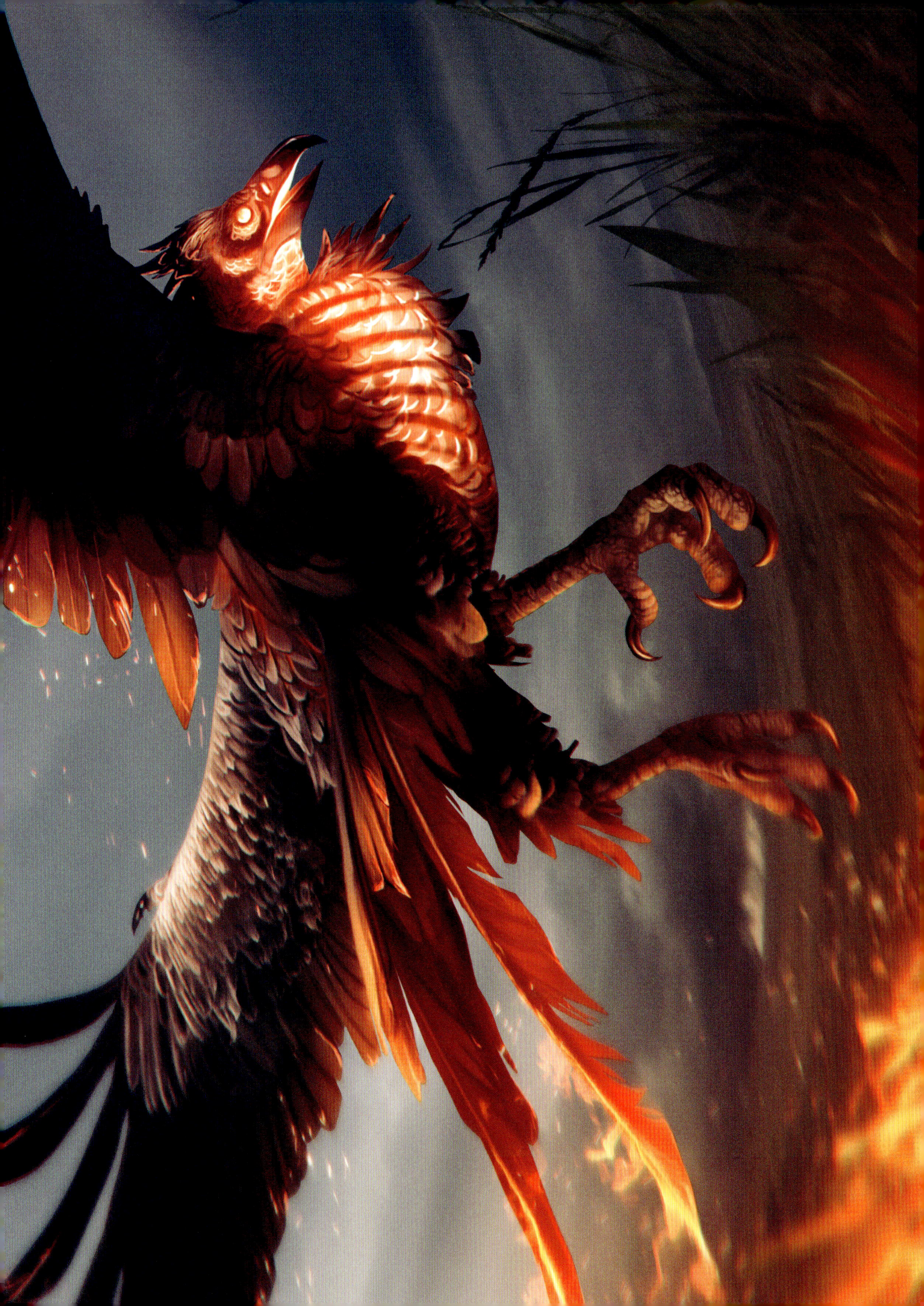

Phoenix
不死鳥

作者：Arkarti

羽毛呈明亮的紅色與金色

體內的火光使它的
部分肋骨從外部看
也清晰可見

長長的尾羽，同樣帶著未盡的火焰

有力的爪子

火焰在不死鳥的體內燃燒，並點亮了它的全身。它的羽毛會落下小的火花或灰燼，將神聖的火焰傳播大地。

哈比與自殺者樹林,《神曲・地獄篇》插圖,Gustave Doré

Bird-maiden
鷹身女妖

我們已經見過了賽蓮——這群美麗又危險的女妖棲息在海岸多暗礁的島嶼上，以蠱惑人心的歌聲引誘出海的水手行船靠近、觸礁身死。雖然自中世紀中後期起，她們留給人們的印象陡然變成了某種邪惡的人魚，但賽蓮最初是一種人頭鳥身的生物，有時胸部以上都是女性的人體，且背生鳥類的雙翼。希臘神話中的鷹身女妖更多地指向哈比，她們是風暴的化身，飛翔的速度超越疾風。海希奧德曾賦詩讚頌哈比們青春少女的容貌，但她們替神向罪人執行懲罰的職能難免引起人們幽隱的恐懼，於是哈比在後世的記敘中逐漸變成了污穢和醜陋不堪的女妖。到了大陸的另一邊，斯拉夫人的西琳與阿爾科諾斯特從賽蓮傳說中脫胎而出，這兩隻成對亮相的鳥女同樣擁有令人神魂顛倒的歌喉，卻是一對微妙的冤家。先知鳥加馬雲承襲的則是西邊女祭司或女占卜者傳達神諭的神祕傳統，她通曉神、人、自然的一切，也將通過費解的預言把真知散播人間。就結果而言，鷹身女妖們分領了人類女性的多重身分，可能是誘惑的、可惡的，或更善於與未知的世界通聯的——某種意義上的「消極」身分，鳥類的形態反而淪為無用的異化方式。但我們或許可以從另一個方向來想像：正如瑞格蕾爾向高潔的圓桌騎士高文拋出的難題，什麼才是一個女人最渴望的東西？——若能化身振翅高飛的鳥，是否就意味著自由？

哈比被追殺（*The Persecution of the Harpies*），Erasmus Quellinus II，1630

哈比，中世紀手稿《自然之花》插圖，Jacob van Maerlan，1350

菲爾斯滕策爾聖母升天修道院教堂壁畫，Johann Jakob Zeiller，18世紀
被藝術表現為龍翼蛇身的哈比顯得更加邪惡，它們在基督教統轄的時代被視作罪孽和異端。

希臘神話中那次著名的遠航——伊阿宋遠征隊（阿爾戈船隊）前去取回金羊毛的旅途中，哈比給阿爾戈英雄們帶來了一次考驗。色雷斯的國王菲紐斯不慎以天賜的預知能力洩露了眾神的祕密，引起宙斯大怒，為了懲罰他的過失，宙斯將菲紐斯的眼睛弄瞎，並指派一群哈比，讓她們在菲紐斯吃飯的時候偷走他的食物、弄臭他的餐桌，使他永遠承受忍饑挨餓的痛苦。阿爾戈英雄們航經色雷斯，前路必經之地有一處逢船隻經過就會迅速合攏的衝撞岩，他們需要菲紐斯的智慧來解決這個難題。於是在下一次哈比來阻撓菲紐斯進食時，隊伍中北風之神的一對雙生子、會飛翔的波瑞亞斯兄弟追趕上去，將哈比們追殺到天邊，直到她們發誓不再騷擾菲紐斯的用餐。菲紐斯得到解脫，船隊也得以實踐他的妙計、順利通過了衝撞岩，繼續他們的航行。

哈比，J. Jonstons，1660

哈比・木刻畫，Melchior Lorch

西琳與阿爾科諾斯特,Viktor Mikhailovich Vasnetsov,1896

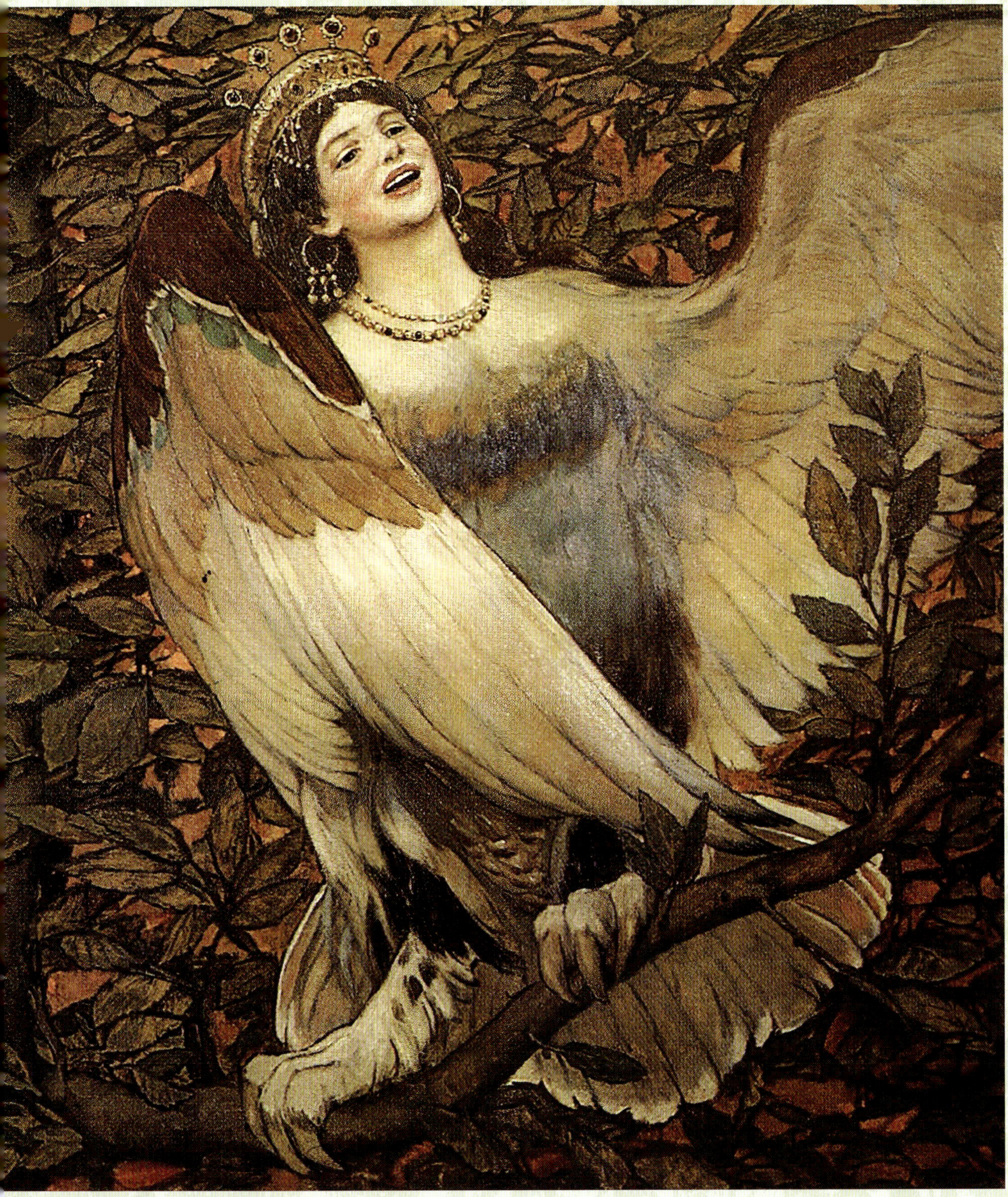

俄羅斯民間傳說中的西琳是有明確種類的鷹身女妖——人們相信她的下半身為一隻貓頭鷹。她承襲了賽蓮的名字，也繼承與之同等的兇險，聽到這隻鳥妖唱歌的人會忘記一切常識，只能跟隨著她去到任何地方，於是餓死在路上。不過教會聲稱虔誠的聖徒可以免疫於西琳歌聲的惡劣影響，只感受到她的優美之處。另一隻名叫阿爾科諾斯特的鷹身女妖更像是本土物種，與西琳的存在形成對照。在東正教的傳統節日蘋果節當天早晨，西琳會飛進蘋果園裡傷心地哭泣；而到了下午，阿爾科諾斯特就會飛到同樣的位置，高興地大笑，並將翅膀上的露水掃落在她停駐的果樹上，給這些蘋果賦予治癒的力量。阿爾科諾斯特被認為住在太陽沉落與重生的地方，那裡也是死者安息和等待來世之處，她的歌聲會帶給這些忘卻了一切的人快樂和幸福，而生前作惡之人則會從中感受到痛苦和折磨。

西琳與阿爾科諾斯特，Ivan Bilibin，1905（上兩圖）

先知鳥加馬雲，Viktor Mikhailovich Vasnetsov，1898

天鵝少女，Walter Crane，1894

天鵝少女 (Swan maiden)

一群天鵝排列飛落某地澄澈的湖上，不時用乾淨的湖水啄毛梳羽，最後竟將羽毛外皮整張脫下，變成了美麗的少女——這個全世界通用版本的天鵝少女設定還有後續的套路劇情，即一個年輕男人，通常是獵戶或樵夫，或者很少見的落難王子，此時正躲在樹林背後，目睹著這一切神奇景象。他將趁機偷走其中一位少女的羽毛外皮，這樣她便無法變回天鵝與同伴飛走，只得聽從這個狡猾男人的安排，跟他回到家中。詐騙手段自然不能讓人得到真正的愛情，一旦少女偶然找到了被藏起來的羽毛，就會立刻逃離，一去不復返。男人需要通過一系列的跋涉和考驗，才有可能再次與她重聚，而這一次雙方終於可以做出公平的抉擇……而虧欠真的能以另一種虧欠來償還嗎？

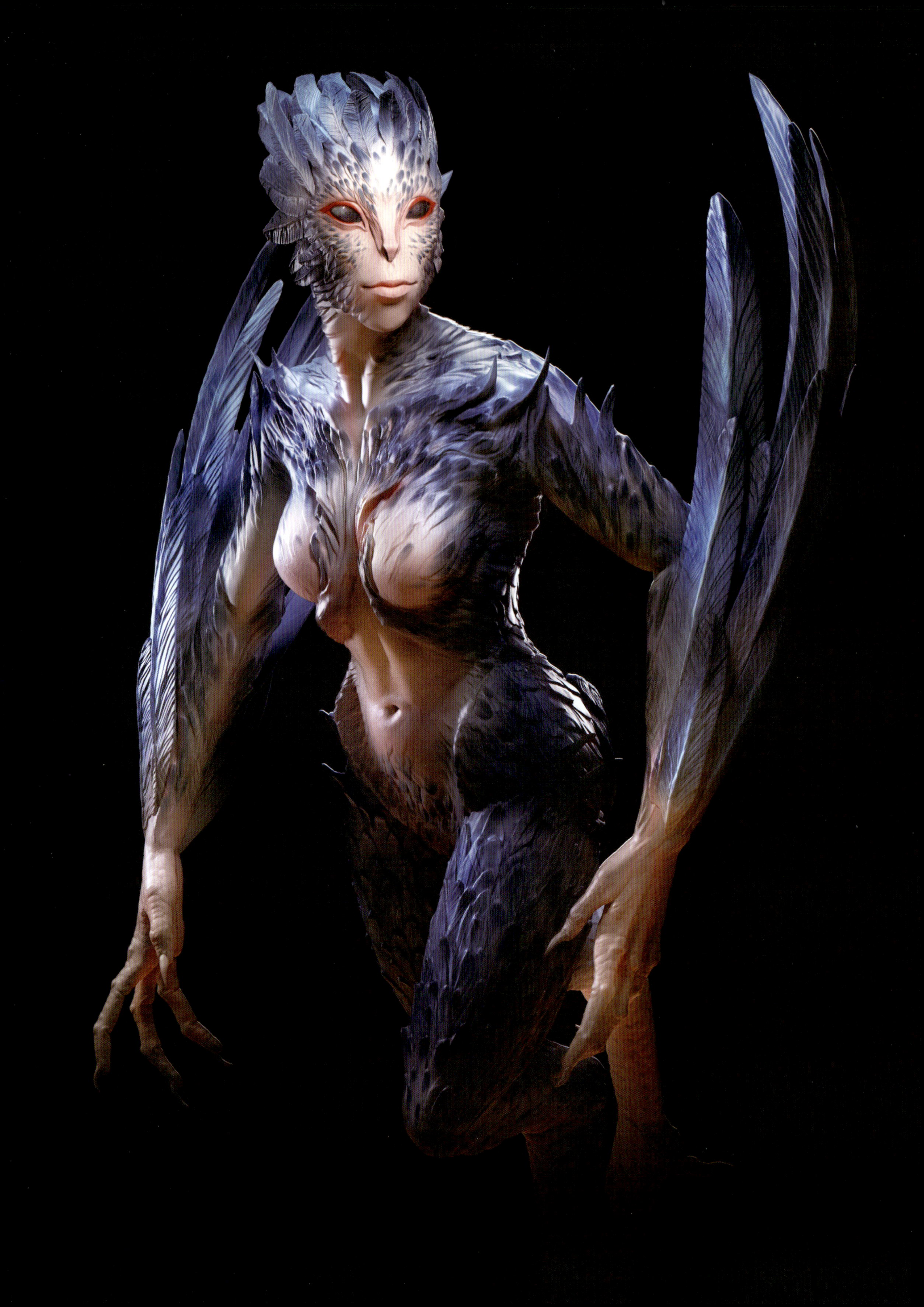

Harpy
鷹身女妖

作者：Andy Chin

微微突起的嘴唇或許是喙的殘存，這使她擁有一副介於人類與某種類人猿之間的面孔

手腕銜接處延伸長出堅硬的長形翅羽，她飛行的姿態比起笨重的鳥類，更類似某種昆蟲

人類的修長手臂盡頭是鳥類的利爪

大而透亮的眼睛，視力卓越

背面圖

這隻鷹身女妖大幅擺脫了她同類身上那種鳥身與人類頭顱拼湊起來的生硬感，軀體清晰柔軟，覆羽自然，無怪她狡黠的神情中似乎透露出一股傲慢──她確實是一個美麗的存在。

- 149 -

[第三章]

爬蟲／軟體／無法定性之物

對冷血動物的畏懼寫進了人類的ＤＮＡ裡。與溫暖的哺乳動物迥然相異的，它們既沒有討人喜歡的毛皮，也沒有柔軟的皮下脂肪，似乎總是隱藏在潮濕的黑暗裡，用一雙陰冷的眼睛窺探著外界……在這基礎上誕生的怪物一定是最邪惡強大的，因為它們身上幾乎只集聚了恐懼的力量，很難引起人性共情的折衷。能夠戰勝它們的人本身已經失去了作為凡人的資格，要麼成神成聖、要麼墮落為至邪的造物，恰似那個古老的假說──打敗惡龍的，最終也成為惡龍。

伊阿宋與龍（*Jason and the Dragon*），Salvator Rosa，1663—1664

Dragon
龍

不論怎麼看——世界上的龍實在是太多了。我們共識中的那一種西方龍（Dragon）——四足有翼、體型龐大、會噴火，只不過是其中一位出鏡率頻繁的大明星。如果以它為標準來變形，西方奇幻世界至少把龍分成了這麼幾類：翅膀長在前肢位置，只有兩腿的飛龍（Wyvern）；保留了四足但沒有翅膀，體型更小的德雷克（Drake）；沒有腿但有翅膀的翼蛇（Amphiptere）；以及幾乎與蛇無異、長長的林德蟲（Lindworm）……還是簡單一點吧。用人類的眼光來看，統稱為「龍」的生物總該有些共同點或特質，比如爬蟲生物蛇或蜥蜴的鱗皮和尾巴，並與它們同為卵生生物——某些說法相信龍蛋價值連城；再或者野獸的爪、鷹或蝙蝠的翅翼，也不排除從遠古的恐龍化石裡按圖索驥得來的骨骼結構。總之，龍就像一系列可能引起恐怖的生物的集合體。一些時代裡，它們象徵威嚴與勇猛，歐洲王室也在紋章上使用龍的形象；另一方面，人們也同樣視龍為邪惡暴虐的怪物，它們居住在地底深層或洞穴之中，看守寶藏，有時侵害人的生命。勇者如果能屠殺惡龍，這就將是他們一生的功勳。當然，人類的終極願望一定還是馴服龍，正如標榜用文明的力量征服野蠻……片面的傲慢真的能辦成任何事嗎？歸根結底，那可是龍啊。

卡德摩斯屠龍（*Cadmus slays the dragon*），Hendrik Goltzius，16 世紀

伊阿宋給龍下藥，17 世紀

卡德摩斯聽從雅典娜的建議將這條龍的龍牙拔下來，種進土裡，土中長出了一支強力的斯巴達軍隊。卡德摩斯戰勝了其中五人後，這支軍隊幫助他一同建立了忒拜城（後來的底比斯）。

法夫納變為龍看守寶藏，《尼貝龍根的指環》配圖，Arthur Rackham

日耳曼龍貪婪守財的傳統可能還要追溯到北歐神話。據《詩體埃達》、《散文埃達》，以及史詩《尼貝龍根之歌》的記述，侏儒法夫納弒親奪走大額的寶藏，並變成巨龍匍匐其上，嚴守他的不義之財。法夫納後來被英雄齊格魯德殺死，死前聲稱這筆財產受到了詛咒，得到它的人都將降臨災難。

龍和巨型蟒蛇在一段時間裡幾乎是被相提並論的，這也可以印證為何龍的誕生顯然建立在以蛇為代表的爬蟲生物之上。《啟示錄》中將魔鬼撒旦形容成一條七頭十角、朱紅色的龍，並稱呼它為「古老的巨蟒（old serpent）」。希臘的九頭蛇希德拉有時也被描繪得與龍無異。可能正出於極端危險，它們在各類看守性質的任務中卓有用武之地，譬如守護珍貴的金蘋果樹的拉頓（Laton）。它是兩個半人半蛇的怪物 —— 堤豐與艾奇德娜的子嗣，繼承了父親的一百個腦袋。這對夫婦另外還生下了許多千姿百態的兄弟姐妹，是神話中有名的怪物祖宗。伊阿宋船隊要竊取的金羊毛也由一條永不休眠的巨龍看守，女巫美狄亞不得不利用魔法藥水才能讓它闔上眼睛。

- 154 -

珀爾修斯與安朵美達（*Perseus and Andromeda*），Frederic Leighton

原本的神話裡，希臘的英雄珀爾修斯是從一隻名叫克托的半蛇半魚形海怪手中救下了被獻祭的衣索比亞公主安朵美達。在這幅作品裡，海怪明顯被更形式化地用龍的外貌來表現。

聖喬治屠龍（*Saint George and the Dragon*），Paolo Uccello，1470

屠龍是聖喬治這位基督教殉道聖人的傳奇之功。這隻惡龍盤踞在利比亞的席林城唯一的水源周邊，居民只能透過向它獻祭來取得生活用水。聖喬治來到這座城，殺死龍，也挽救下即將被獻祭的公主（一說當地首領的女兒）。這幾乎是最早的勇者鬥惡龍的故事範本之一，也成了中世紀到文藝復興時期許多藝術家青睞的主題。

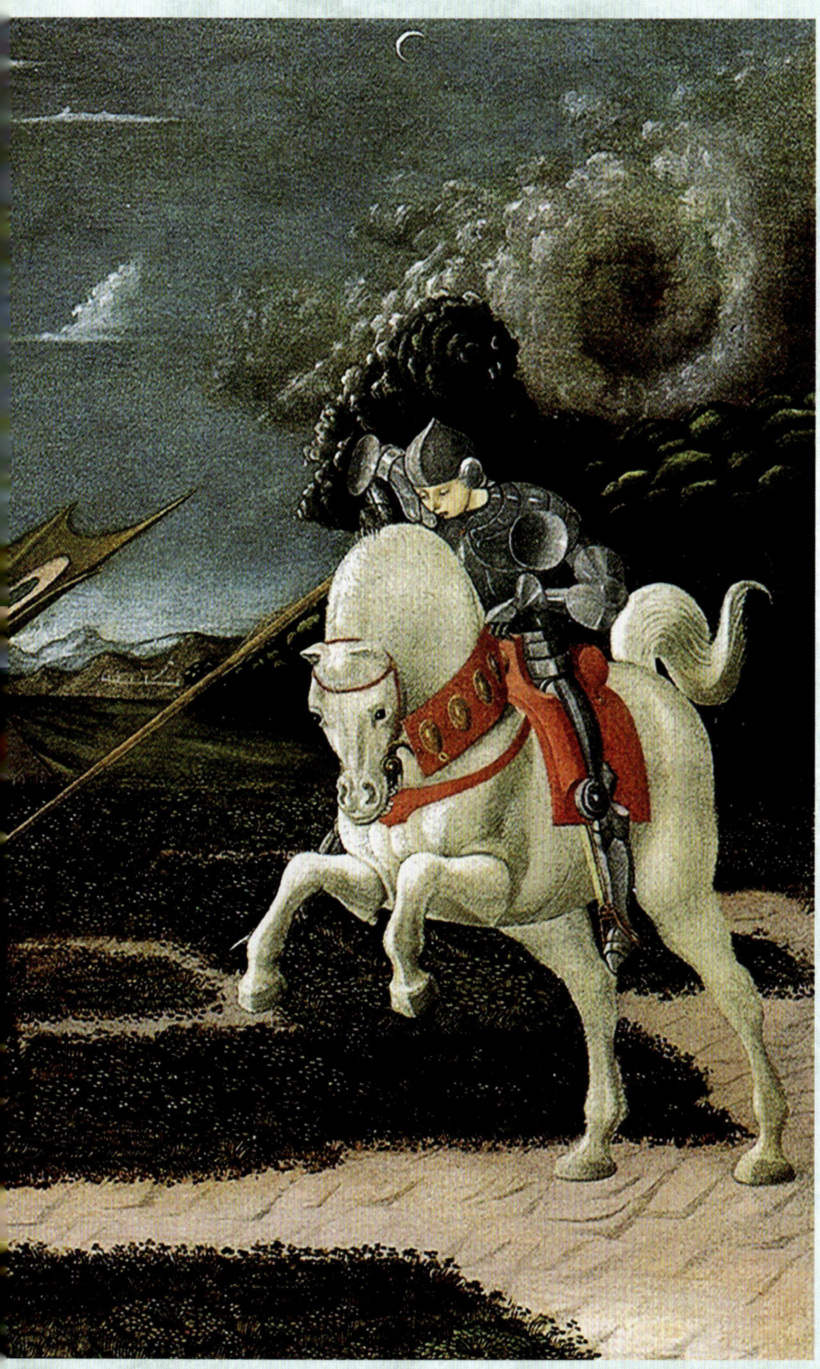

古怪的爬蟲生物,《四足獸的自然歷史》(*Historiae naturalis de quadrupetibus*)

德國出版的煉金術手稿 *Clavis Artis* 中出現的類龍生物,1738(上兩圖)

以這種譬喻為基礎,龍在中世紀的基督教話語中完全成了邪惡的代名詞,也是基督教藝術中罪惡和異教的象徵。一如聖喬治屠龍的範式,它們通常被描繪為匍匐於聖人腳下聽訓伏誅之狀。同時期的煉金術則將龍或泛稱的龍形生物納入他們神祕的表達系統當中,根據形態的不同,來代表某種元素、藥劑,或者原始的化學反應過程。隨後的一段時間,特別是文藝復興與啟蒙運動之後,自然科學領域的發現和舊傳說信仰的特徵顯然出現了一部分重疊,人們對於神奇動物的存在表現出高度的熱情,一些如今無法被證實來歷的爬蟲生物被冠上龍之名,保留在當時的自然圖鑑裡。

在威爾士神話傳統中,紅龍是凱爾特人的精神象徵,威爾士公國的旗幟上依然保留著與15世紀英王亨利七世所使用過的紅龍相似的圖樣。這條龍的淵源要追溯到千餘年前:凱爾特的國王沃蒂根要建造城堡抵禦撒克遜人,但這座城堡遲遲無法建成,原因是每當入夜之後,白天砌好的牆壁就會莫名其妙地坍塌掉。某個巫師告訴沃蒂根需要找到一名人類女性和非人男性生下的兒童,將之獻祭,此事方能順利進行。這名兒童在後來1136年左右成書的《不列顛諸王史》中被指認為年輕的魔法師梅林,他也正是一位公主和她夢中的男性魅魔結合所生下的半人類。梅林指出有兩條龍睡在城堡所在的山中湖裡,是它們每夜纏鬥,破壞了城堡的地基。國王沃蒂根命人將山體挖開,最終找到了一個地下湖,並發現湖中住著紅色和白色兩條龍。人們把湖水抽乾,兩條龍甦醒後就迅速展開廝殺。這場戰鬥以紅龍驅逐白龍為結局,城堡得以落成,而威爾士的凱爾特人也確實未被入侵不列顛島的撒克遜人征服——這個隱喻也將在未來延續下去……

龍,《兒童畫冊》插圖, Friedrich Justin Bertuch, 1806

出自 Harley MS 3244《動物寓言集》的龍, 13 世紀手稿

17 世紀,有人聲稱在瑞士的山裡遭遇貓臉的龍,這似乎是生活在阿爾卑斯山系裡的諸多龍形生物之一: Johann Jakob Scheuchzer, 1723

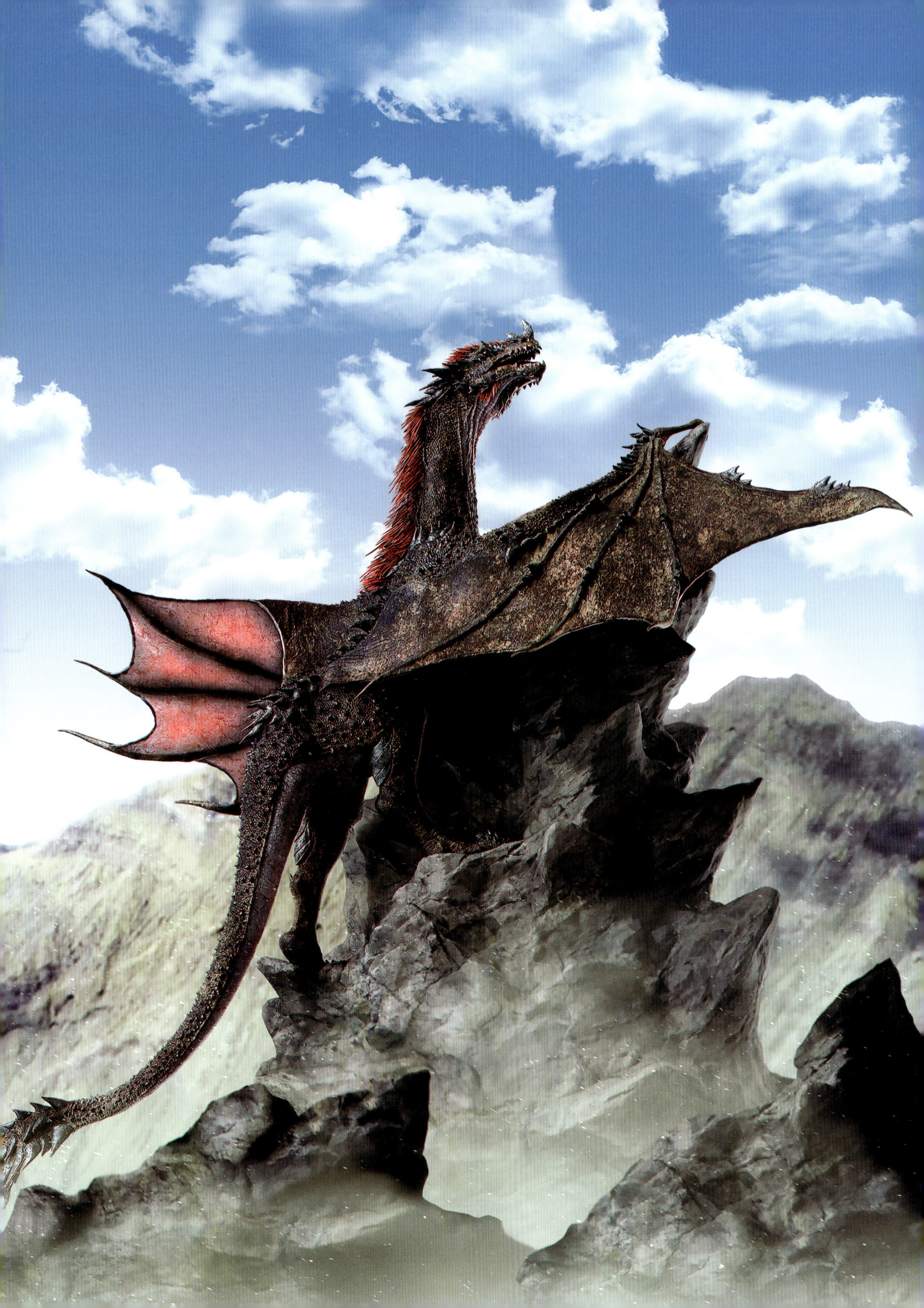

Redback Dragon
紅背龍
作者：家豪（Jia Hao）

它的嘴部已經完全演變為尖銳的牙齒結構，在咬食獵物的時候可以提供額外的摩擦力

脖子上的這些紅刺不僅賦予了它獨特的外觀，也有助於保護脖子。紅背龍中只有雄性擁有這樣醒目的紅刺

鉤狀手指有助於在岩石地形上抓握地面

較大的尖刺，也是對付對手的有力武器

這隻雄性的紅背龍居住在山區，有時可以看到它爬到一塊巨大的岩石上，以此向其他同類發出信號並確認它的領土。
它顯然有點傲慢，畢竟驚人的美貌和實力都助長了它的氣焰。

蛇尾雞與鼬（*The basilisk and the weasel*），Wenceslaus Hollar，17世紀

Basilisk
蛇尾雞

畏懼蛇的人能列舉出一百種蛇的不端之處：異常的形態、陰險的臉孔、光滑的鱗皮、詭異的色澤，更不必說它們能以神鬼莫測的走位接近目標、噴射致命的毒素，抑或擁有可緊纏獵物直至其死亡的強大力量……而蛇尾雞之所以成為蛇尾雞，自然是在囊括這些引起恐慌的特質的基礎上更躍升一層——它最令人震悚的武器，就是那雙僅憑凝視就能置人於死地的眼睛。和現代更偏愛的巨蟒類型不同，至少17世紀以前的蛇尾雞都是相對精悍小巧的，老普林尼聲稱蛇尾雞的長度不會超過人類的十二根手指，移動時傲慢地直進，而非蛇慣常的曲行。茲沃勒城的印章上被大天使米迦勒殺死的蛇尾雞則是中型犬的大小（如果天使的比例相對於我們普通人高大一點兒的話）。雖然蛇尾雞生性機敏，但人們還是有辦法找到它的蹤跡，畢竟它的氣息是如此惡毒，能致使它爬行路線上的草木盡枯萎，或呈現為一種被焚燒過的狀態。一旦順藤摸到蛇尾雞的地穴，人們就把黃鼠狼（或類似的鼬科動物）丟進洞中與蛇尾雞相搏。這是因為黃鼠狼被認為可以免疫於蛇尾雞的視線，從它們的臭腺散發出的氣味對於蛇尾雞而言也是一場酷刑。而另一種對付蛇尾雞的手段則完完全全出自人類的智慧，即利用鏡子或其他物體的反射，讓蛇尾雞看見自己的眼睛——最強大者往往覆沒於其自身的暴力。

比較出人意料的是，在對蛇尾雞的恐懼最盛行的時期，蛇尾雞「本怪」的尊容卻顯得有點滑稽。它總體來看更像一隻大公雞，有雞冠和雞翅膀，乃至兩根粗壯的雞腿，而真正像蛇的部位只是過長的脖子和泄殖腔後面伸出的尾巴。這個奇異的形象或許與它的出身大有關聯，據說蛇尾雞是從一隻由公雞孵化的蛇或蟾蜍蛋中誕生的，人們對它有另一種更合適的稱呼——雞蛇（Cockatrice）。這也容易理解為何鼬科會變成它的天敵，而公雞的叫聲會對它造成威懾，精神力脆弱一點的蛇尾雞可能直接化為灰燼。在坎塔布里亞地區（今西班牙）的傳說中，長途的旅行者會特地懷揣一隻公雞上路，來防範蛇尾雞的襲擊。

《粉色童話》收錄篇《新娘與林德蟲國王》插圖，1897

我們在「龍」的單元提到過林德蟲（Lindworm），它是一種無足無翅的龍——幾乎就是一條蟒蛇。童話聲稱瑞典某位皇后在吃下兩顆洋蔥之後生下了這個怪物。它在成年之後需要一位新娘，然後應徵的少女奇跡似地愛上了它，而無關形象的真愛帶來了最好的結局——林德蟲變成了英俊的王子，繼承了王位，二人過上了幸福快樂的生活。

蛇尾雞，Melchior Lorck，1548

蛇尾雞，《蛇與龍的歷史》，Ulisse Aldrovandi，1640

當時流行的另一種蛇尾雞表現，除了一個像是公雞又像是人類的扭曲頭部，還可以看見它擁有古怪的多對雞腳，這使它的直立姿勢更加貼近地面，更趨近於一種爬蟲生物應有的姿態……也許吧。

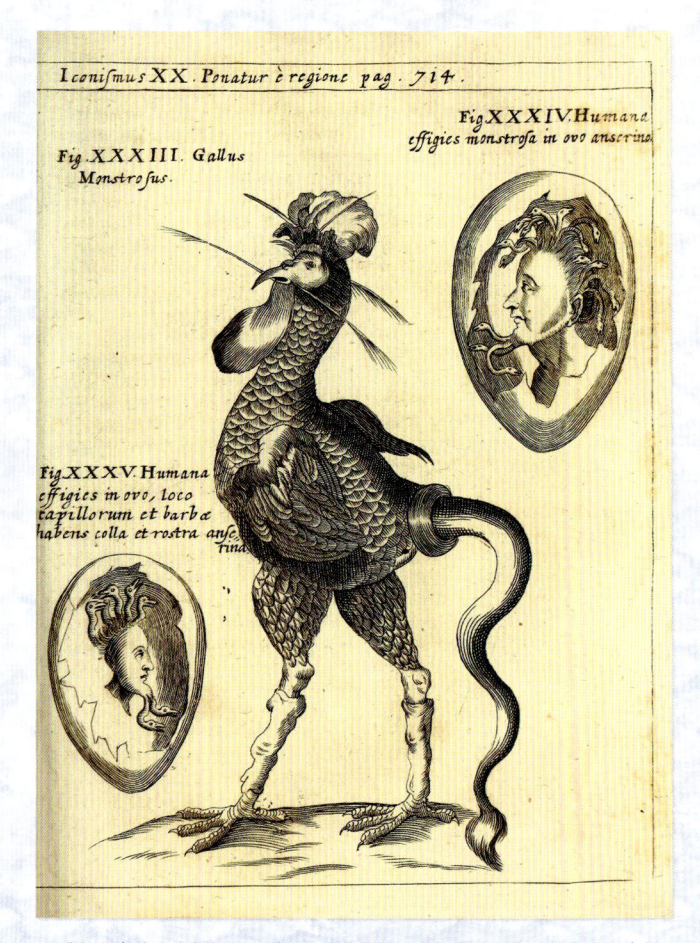

17世紀某本神奇生物圖鑑上對蛇尾雞的描繪。畫面角落裡有兩個戈爾貢女妖的頭像；Gaspar Schott，1662

- 164 -

蛇尾雞，《兒童畫冊》插圖，Friedrich Justin Bertuch，1806

雞蛇和鼬，《動物寓言集》，Royal MS 12 C XIX，1200—1210

蛇尾雞，《動物史學》（*Historiae animalium*）插圖，1546—1558

洛基的子女，Emil Doepler，1905

海克力斯與勒拿（*Hercules and the Hydra*），Antonio del Pollaiolo，1475

外表上更有威懾力的蛇形怪物還是應該向希臘神話中的大蛇們看齊，雖然有的時候希臘人沒有特別指認過它們和龍的區別。除了有名的九頭蛇勒拿（儘管實際上被海克力斯立地斃命，但它的名字顯然作為某種純粹邪惡的代名詞流傳後世，得到了一些反派組織的認可），巨蟒皮同（Python）也是其中武力顯赫的一員。論輩分，皮同甚至要比堤豐更尊長，它曾聽從赫拉的安排照顧過年幼的堤豐；另一條同樣來自天后的調令則斷送了它的性命：泰坦神勒托懷上了宙斯的兩個孩子後，嫉妒的赫拉派皮同前去驅逐和迫害這位懷孕的女神，而最終勒托歷經萬難生下的孩子正是太陽神阿波羅和狩獵女神阿爾忒彌斯。成年後的阿波羅在聖地德爾斐神廟箭殺皮同以雪母恨，自己也遭到懲罰，需要主持眾神在此地創辦的皮提亞賽會（Pythian Games）來為瀆神之舉贖罪。古希臘傳統的皮提亞賽會也是對阿波羅的一項祭祀活動，在奧運會休賽的四年期間舉行。

如果我們還記得北歐的「環繞中土之蛇」耶夢加得（Jörmungandr）——它是與魔狼芬里爾、死神海拉一起出生的怪物，洛基的子女，自然也同樣是女占卜者的預言中諸神黃昏的重要推動者。它和芬里爾一樣，在年幼的時候被畏懼宿命的奧丁囚禁起來、扔進了塵世的深海裡。耶夢加得在海中越長越大，身軀可以環繞整個人類世界（中土），為了盡可能獲得更大的生存空間，它不得不用嘴咬住自己的尾巴。註定與耶夢加得敵對的神明正是最強大的雷神索爾，在最後一戰之前，他們已經有過數次交鋒。其中一回索爾與巨人希密爾出海釣魚（請不要驚訝於平常對巨人見一般一的索爾為何能與一位巨人短暫地和平共處），砍下了巨人養的巨牛的頭來做魚餌，他用這個牛頭釣上了深海一條驚人碩大的蛇——正是耶夢加得。索爾憑蠻力將耶夢加得兇惡的蛇頭提出了海面，這震懾了希密爾，後者出於恐懼將魚線割斷，耶夢加得得以再次回到海底，等待末日的到來……

- 166 -

梅杜莎的頭顱（*Head of Medusa*），Peter Paul Rubens，1617—1618

蛇髮女妖梅杜莎。她是蛇髮女妖戈爾貢三姐妹中年紀最小的一位，兩個姐姐是永生的斯忒諾和歐律阿勒，因此只有她擁有凡人的性命之憂，最終也被英雄珀爾修斯斬首而死。戈爾貢的面貌據說非常可憎，每根頭髮都是鮮活的毒蛇，人類看到她們的容顏，就會立刻因害怕而化成石像。珀爾修斯正是利用梅杜莎的頭顱，打敗了海怪克托，救下了安朵美達。

阿波羅殺死培冬，Jean-Jacques Le Veau，18世紀

索爾釣起耶夢加得（*Thor Battering the Midgard Serpent*），Henry Fuseli，1788

- 167 -

Danmarks Historie i Billeder VII. Ragnarok.

耶夢加得在諸神的黃昏浮出海面，Louis Moe，1898

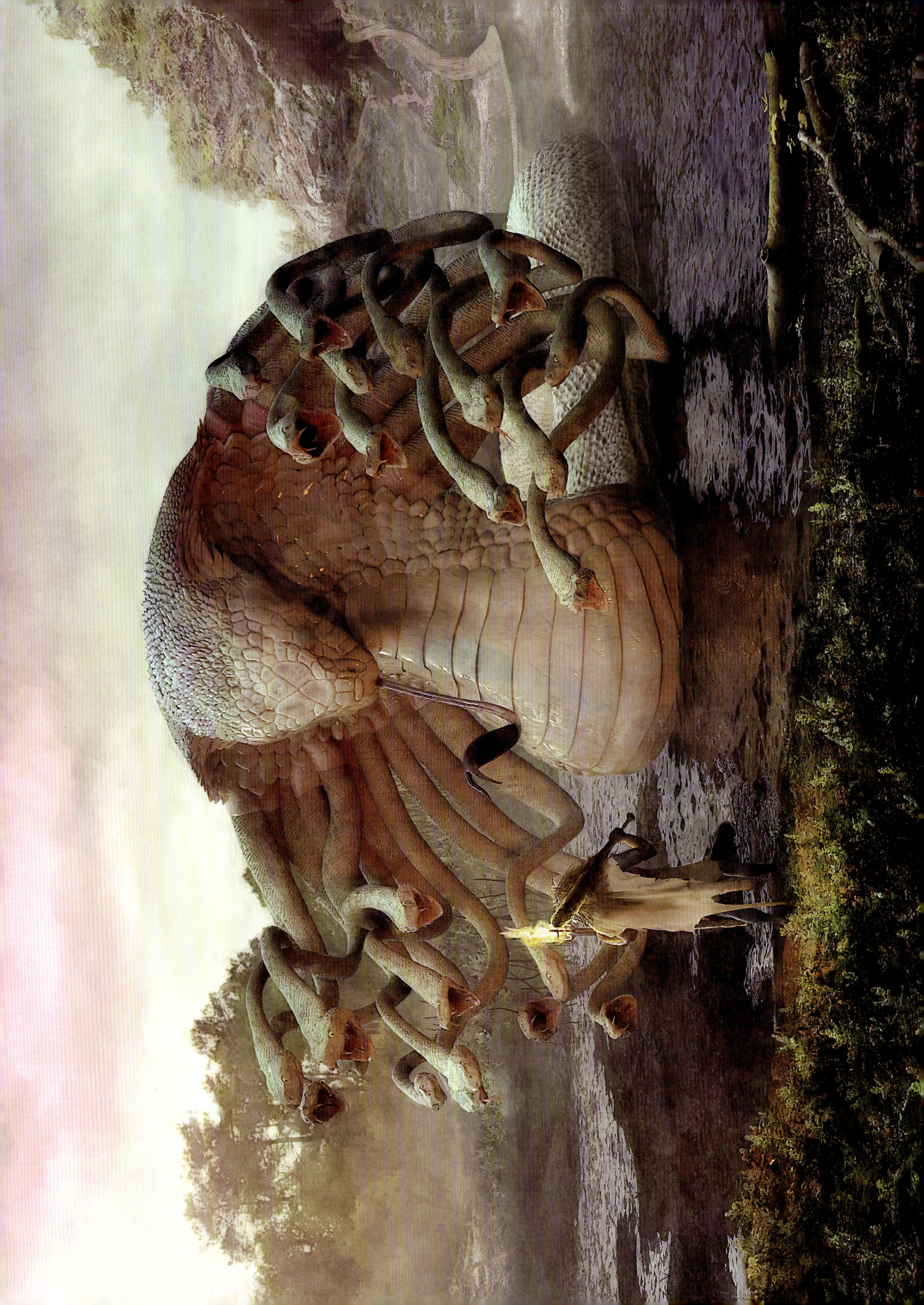

Hydra and the Hercules
希德拉與海克力斯

作者：Dirk Wachsmuth

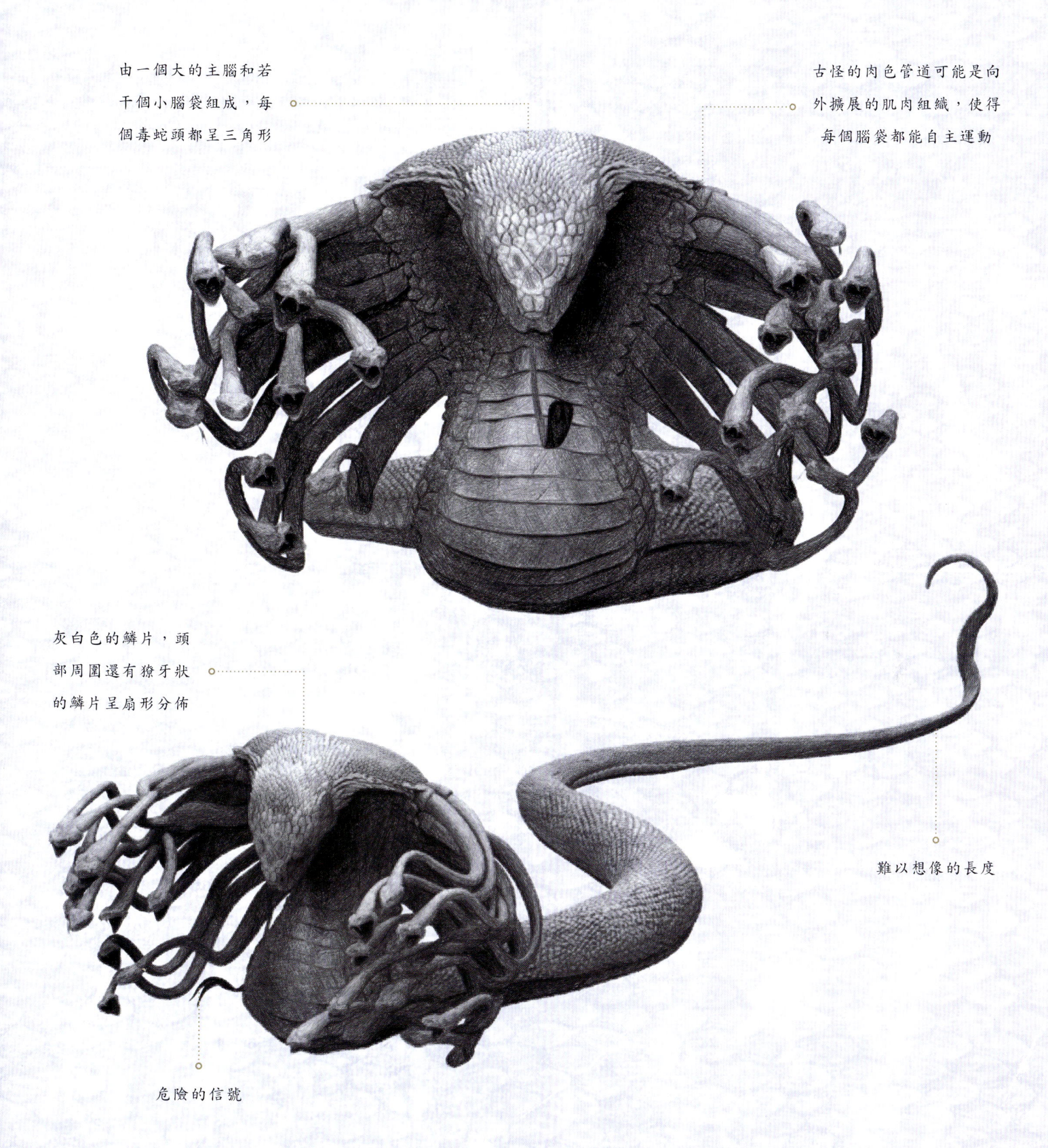

由一個大的主腦和若干個小腦袋組成，每個毒蛇頭都呈三角形

古怪的肉色管道可能是向外擴展的肌肉組織，使得每個腦袋都能自主運動

灰白色的鱗片，頭部周圍還有獠牙狀的鱗片呈扇形分佈

難以想像的長度

危險的信號

穿過茂密的叢林與沼澤地，這位人類的英雄終於第一次見到這頭聞名遐邇的蛇尾雞之全貌。它的體型無比巨大，如此美麗而離奇，以至於令人對它產生了崇敬感。他們之間的戰鬥即將在轉瞬之間展開。

LE POULPE COLOSSAL.

法國的水手在安哥拉海岸遭遇到這種生物的襲擊，軟體動物學家 Pierre Dénys de Montfort 根據複述於 1801 年繪製

Kraken
克拉肯

至少在13世紀以前，北歐人民就觀察到他們周邊的海域裡出沒著一種陰森、巨大的海洋生物。在某本管窺式、有關挪威自然歷史的作品手稿中，記述者詳細描述了這種生物的行動路線和生活方式：徘徊在挪威和格陵蘭島的近海，進食時只需要伸長脖子張嘴打嗝，附近大量的魚就會被它吸入腹中。這聽上去似乎是一種尋常的巨鯨，但作者聲稱它們在整片海域只有兩頭，並且無法進行繁殖，因為如果它們的數量能夠達到像鯨一樣多，海洋就會沒有其他魚類的生存之地。冰島的《奧瓦爾·奧德薩迦》中對此提出辨析，指稱在海中生活的兩頭動物裡確實有一條巨鯨，而另一個則是龐大到無法具象的海怪，它的身形之巨大，以至於浮出海面呼吸的時候，人們會將它錯認成島嶼，而島上崎嶇的礁石和岩壁則是它的面部與皮膚的凸起——這就是挪威海怪克拉肯。繼18世紀的自然科學界發現了抹香鯨胃裡長達十多公尺的大王烏賊之後，挪威海怪就更被認為是一種巨型的頭足綱動物，即烏賊或者章魚。卑爾根主教彭托皮丹的《挪威自然歷史》記錄了對它的目擊例，表示克拉肯的外表平滑，滿身都是觸手與肢節，力量強大到足以把一整艘航行中的海船拖曳到海底。漁民們信誓旦旦地說一旦在夏天的挪威沿海遠遊數英里，就會變成它的受害者。廣泛來說，包括大海蛇和人魚，海裡所有稀奇古怪的傳奇生物都擔得起海怪的稱呼，它們或多或少都曾引起過人類的好奇或恐慌，即便到了今天也無法統統以純粹虛構的產物來下定論。海洋裡有一切的可能——這才是海怪存在的根本契機。

挪威海怪，以想像之眼所見（*The Kraken, as seen by the eye of imagination*），Gibson, J.，1887

《海底兩萬里》插圖 2 幅，Alphonse de Neuville，1870

儒勒·凡爾納的科幻名著《海底兩萬里》中，潛水艇鸚鵡螺號曾與巨型章魚群有過一次慘烈戰鬥。尼莫船長形容這種類似挪威海怪的章魚：「可以纏住一艘5000噸重的大船，直接將之拖至海底的深淵。」

據彭托皮丹的描繪，挪威海怪的危險遠不在於正面攻擊，它僅僅是安靜地待在深海裡，偶爾浮出它龐大身軀的一部分，就是一種潛在的威脅。船員很可能將它錯當成海島停靠，而某些漁民見到周圍蹦躍的魚群（它們大多是受到海怪的震懾才這樣驚慌失措的），亦可能不明所以地驅船接近這些像礁石一樣頂出海面，實則是海怪觸角尖端的地帶，引發嚴重的後果。某些地圖中標注出來、只在特定時刻可以看見的「島嶼」，其實就是它時露時隱的肢體。海怪一旦換個動作或挪挪地盤，就會造成海水波動，掀起驚人的浪濤或旋渦，使船隻遇難。挪威的漁民則有一句巧妙的俗語形容意外取得大豐收的同行：「你一定是在海怪的身上打魚的吧。」看來人類真的很擅長從風險中創造收益⋯⋯

在斯庫拉與卡律布狄斯之間，濕壁畫，Alessandro Allori，1575

敵基督乘坐在利維坦上，Liber Floridus，1120

奧德修斯需要謹慎選擇他的航向：女巫的神喀耳刻曾明確提醒他，如果他駛過這條航路時偏向海怪斯庫拉，那麼這隻怪物將捲走他船上的六位船員並一口吃下肚；而如果向旋渦卡律布狄斯所在處航行，那麼他們可能面對整艘船都掉進深淵、全軍覆沒的危險。奧德修斯聽了喀耳刻的建言後，艱難地下了決定、朝斯庫拉所在的方向航行，他保全了包括自己在內的大部隊，而犧牲了六位船員的生命。

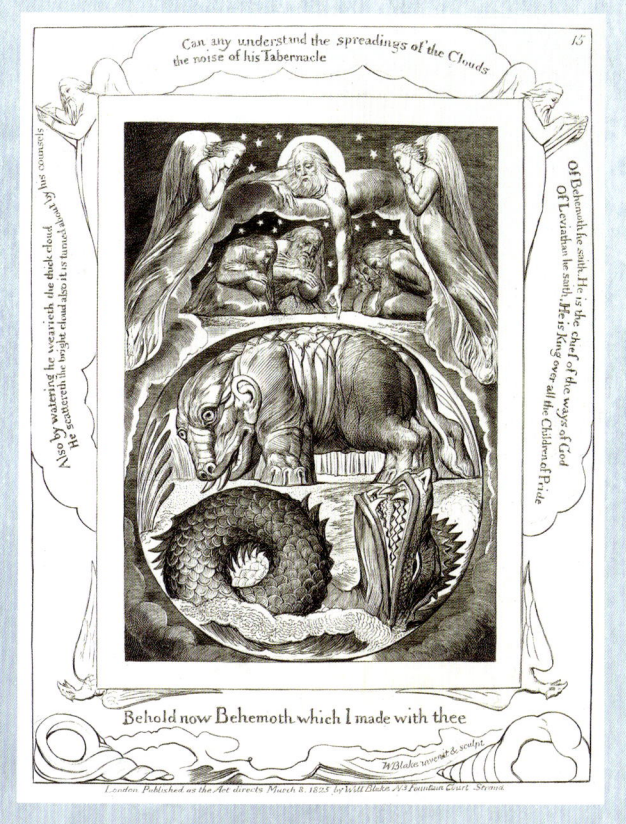

貝希摩斯與利維坦（*Behemoth and Leviathan*），William Blake，1826

《以諾書》記載利維坦是一頭海中的母獸，與她對應的陸上公獸貝希摩斯也被創造出來。貝希摩斯是強壯的有蹄類動物，吃草為生，居住在河流和沼澤地帶，有銅質的骨頭、鐵做的四肢和一條雪松木的尾巴。

在《聖經》故事裡，象徵海上詭譎莫測之險象的海怪是利維坦，它的名字本身在希伯來語就有「扭曲、纏繞」之義，一如旋渦。據《約伯記》記載，利維坦身披堅甲、滿口毒牙，可以吐出火與煙，把大海攪得反覆無常，這使得它的形象趨近於海中的鱷魚、恐龍，或者一條似龍非龍的大海蛇。利維坦的存在常常比肩北歐的世界蛇（耶夢加得），二者均是由神創造並最終被神殺死。這種將海上的異象與海怪聯繫起來的傳說還有希臘的斯庫拉，她與被珀爾修斯用梅杜莎的頭顱殺死的克托一樣，有一條龐大的蛇尾和女性人類的上肢，身前則長著三個犬頭。史詩《奧德賽》提到她與深淵旋渦卡律布狄斯共同鎮守在奧德修斯返航必經的海路上，這位為特洛伊戰爭獻出了必勝的木馬計的孤獨英雄註定要在此做出一個攸關生死的抉擇。

- 175 -

Oceliſch Meerwunder vnd seltzame Thier/
vnd auff dem

海洋中的怪奇生物們，《宇宙圖志》(*Cosmographia*) 插圖，Sebastian Münster，1570

n den Mitnächtigen Ländern/ im Meer   Meer
funden werden.

NNnn   Marder/

根據北歐傳教士 Hans Egede 的大海蛇目擊經驗所繪，1734，Ellis, R. 1994

1817年，英國格洛斯特海岸出沒的類大海蛇生物。隨後的三年間不斷有關於它的目擊證詞湧現，直到 20 世紀還在流傳；Ellis, R. 1994

愛爾蘭的聖徒布倫丹與他的船隊在魔鯨背上，正在進行一場禱告；Chet Van Duzer，1621

16世紀斯堪地納維亞半島的海圖中記錄的魔鯨。左上角有一隻神祕的豬形海怪，側身長著詭異的三隻眼睛；瑞典傳教士大奧勞斯所繪

魔鯨（Trolual）

斯堪地納維亞半島周圍的北大西洋棲息著惡毒的魔鯨，正如和它相提並論的海怪，魔鯨的身軀也像山一樣龐大，背脊上生著鱗峋的褶皺與鱗片，甚至有叢生的植物，引誘夜航的水手在這裡靠岸。一旦他們不幸「登島」，乃至生火歇息，魔鯨就會趁他們安眠的時間下沉，把人統統淹死在海裡。據說足夠響亮的號角聲可以迷惑或威懾魔鯨，使它短時間內不會輕舉妄動。把船上比如木桶之類的物件往海裡丟，也能轉移一會兒魔鯨的注意力，令它稍微放下謀殺的惡念。但北歐畢竟住了曾與巨人戰鬥的種族，冰島的原住民可以捕獵可怕的魔鯨，一如對待其他普通的鯨類那樣——用它的鯨骨來蓋個房。

Nauita Erythræum pauidus qui nauigat æquor,
In proræ et puppis summo resonantia pendet

Ioan. Stradanus invent.
Ioan. Galle excud.

Tintinnabula: eo sonitu prægrandia Cete,
Balenas, et Monstra marina à nauibus arcet. 6

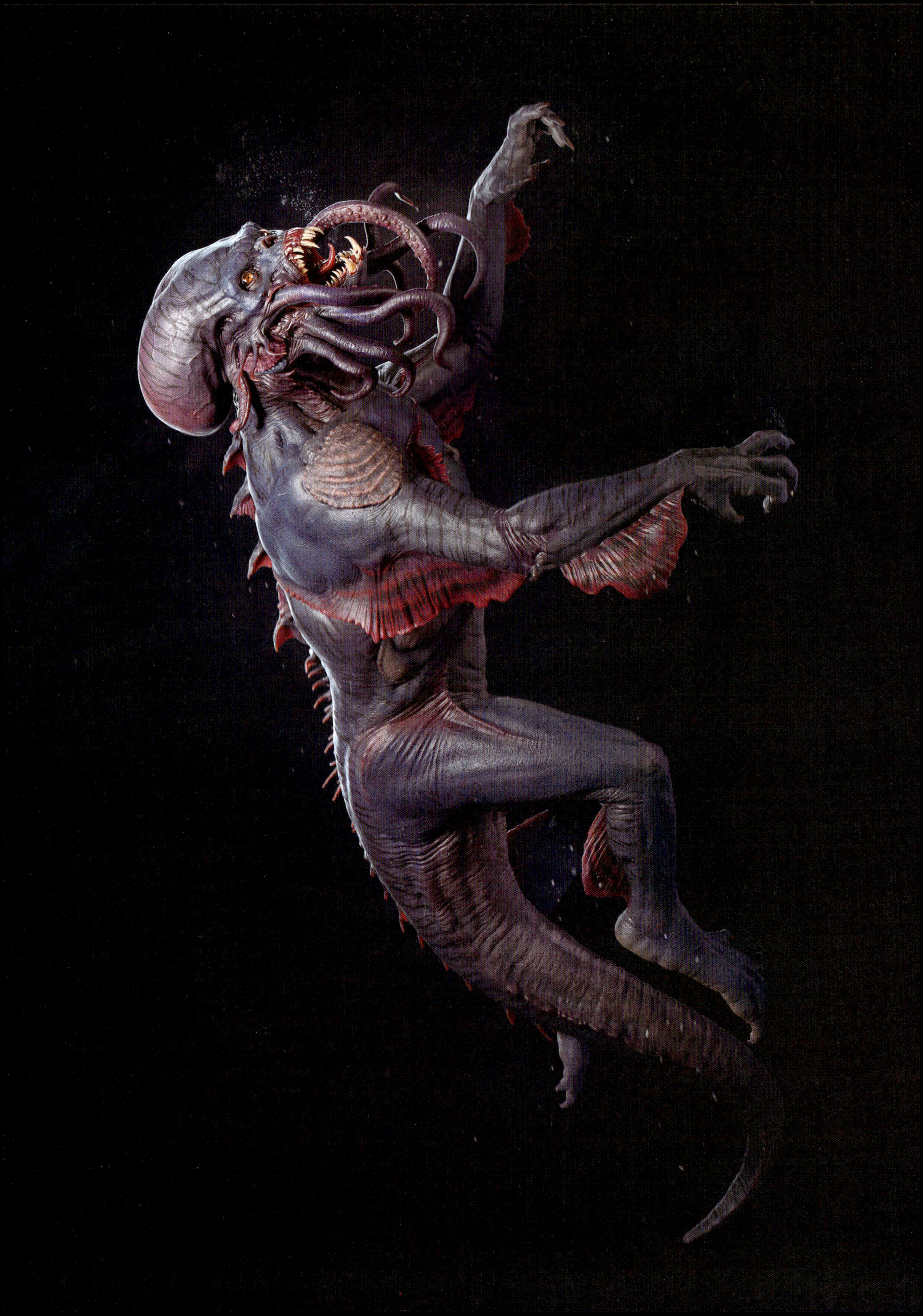

Tenta Killer
深淵殺手

作者：Damien Guimoneau

看起來像是被一隻章魚寄生了，或者它確實需要這種生物超凡的智慧來執行一些決策——整個章魚都是它的大腦

獸類的獠牙

這些背部的突刺是脊骨的外延，有助於它保持平衡，也是對某些已在遠古時期滅絕的海洋哺乳動物背棘的模仿

這些觸手已經失去它們原本的意義，最多就是抓捕一些送到嘴邊的小魚

魚類的側鰭，是它在水中快速移動的助力

人類的軀幹和四肢

這個強壯有力的深海動物不知生來就是這副尊容，還是從前代諸多其他生物的特徵中吸收了長處而突變成這樣的。唯一可以確認的是，它還非常年輕。

藝術家們

Alejandro Olmo
波多黎各，3D角色設計師、概念藝術家

Aziz Dereli
德國，兼職概念藝術家

Andy Chin
美國，角色、生物設計師

Damien Guimoneau
英國，角色建模師、概念設計師

Andres Rios
墨西哥，兼職概念、角色設計師

Davide Rinaudo
義大利，3D角色設計師

Arkarti
德國，數位藝術家

Dirk Wachsmuth
德國，3D藝術家、雕塑家、概念設計師、插畫師

ArtVostok studio
俄羅斯，2D及3D藝術設計工作室

Habib Kassassir
澳大利亞，角色、生物設計師

Jakub Javora	**Panchenko Andrey**
捷克，概念藝術、插畫和動畫設計工作室	俄羅斯，3D藝術家、插畫師
Jia Hao	**Philipp Teichrieb**
新加坡，角色設計師、數位雕塑家	德國，3D設計師、動畫製作師
Nadejde Cosmin	**Roy Gibbs**
羅馬尼亞，兼職角色設計師	日本，角色、生物設計師
Natalia P. Gutiérrez	**Teerapon Chasan**
西班牙，角色藝術家	泰國，3D藝術家
Oksana Dobrovolska	**Vladyslava Hladkova**
烏克蘭，兼職概念設計師	英國，概念藝術家

gaatii 光体

gaatii 光體 2017 年成立於中國廣州。
專注藝術、科普、設計三個領域的原創內容生產，致力於通過多種形式為讀者提供優質的知識體驗。
我們認為，一本好書的圖文與設計應該渾然天成、內容深入淺出、信息量充足且充滿驚喜。
內容的藝術性與可讀性是我們的追求方向，產品功能性與藝術性的統一是我們的目標！

《怪物起源》一書得以順利出版，全靠所有參與本書製作的設計公司與設計師的支持與配合。
gaatii 光體由衷地感謝各位，並希望日後能有更多機會合作。

E-mail　chaijingjun@gaatii.com

TITLE
怪物起源

STAFF		ORIGINAL EDITION STAFF	
出版	瑞昇文化事業股份有限公司	策劃總監	林詩健
編著	gaatii 光体	編輯總監	柴靖君
		編輯	岳彎彎
創辦人 / 董事長	駱東牆	設計總監	陳挺
CEO / 行銷	陳冠偉	銷售總監	劉蓉蓉
總編輯	郭湘齡	責任編輯	劉音
文字編輯	張聿雯　徐承義	特約編輯	秦心琪
美術編輯	謝彥如	責任技編	羅文軒
國際版權	駱念德　張聿雯		
排版	洪伊珊		
印刷	華禹彩印有限公司		
法律顧問	立勤國際法律事務所　黃沛聲律師		
戶名	瑞昇文化事業股份有限公司		
劃撥帳號	19598343		
地址	新北市中和區景平路464巷2弄1-4號		
電話 / 傳真	(02)2945-3191 / (02)2945-3190		
網址	www.rising-books.com.tw		
Mail	deepblue@rising-books.com.tw		
港澳總經銷	泛華發行代理有限公司		
初版日期	2024年6月		
定價	NT$1500 ／ HK$480		

國家圖書館出版品預行編目資料

怪物起源 / gaatii光体編著. -- 初版. -- 新北市：
瑞昇文化事業股份有限公司, 2023.11
　　192面；　22.5x30公分
ISBN 978-986-401-679-2(精裝)

1.CST: 妖怪 2.CST: 傳說 3.CST: 圖錄

298.6　　　　　　　　　　112015419

國內著作權保障，請勿翻印 ／ 如有破損或裝訂錯誤請寄回更換
中文繁體字譯本，由光體文化創意（廣州）有限公司通過一隅版權代理（廣州）工作室安排出版
核准字號第112154號